河南省高等学校人文社会科学重点研究基地（中原工学院系统与

城市基础设施建设 PPP 项目全过程
风险管理研究

罗泽民　著

中国财富出版社有限公司

图书在版编目（CIP）数据

城市基础设施建设 PPP 项目全过程风险管理研究 / 罗泽民著 . —北京：中国财富出版社有限公司，2021.12

ISBN 978-7-5047-7617-4

Ⅰ.①城…　Ⅱ.①罗…　Ⅲ.①基础设施建设—风险管理—研究　Ⅳ.① F294

中国版本图书馆 CIP 数据核字（2021）第 259103 号

策划编辑	谷秀莉	**责任编辑**	邢有涛　郭怡君	**版权编辑**	李　洋
责任印制	尚立业	**责任校对**	卓闪闪	**责任发行**	杨　江

出版发行	中国财富出版社有限公司
社　　址	北京市丰台区南四环西路 188 号 5 区 20 楼　　**邮政编码**　100070
电　　话	010-52227588 转 2098（发行部）　　　　010-52227588 转 321（总编室）
	010-52227566（24 小时读者服务）　　　010-52227588 转 305（质检部）
网　　址	http：//www.cfpress.com.cn　　**排　　版**　宝蕾元
经　　销	新华书店　　　　　　　　　　　**印　　刷**　北京九州迅驰传媒文化有限公司
书　　号	ISBN 978-7-5047-7617-4/F·3611
开　　本	710mm×1000mm　1/16　　　**版　　次**　2023 年 12 月第 1 版
印　　张	12.5　　　　　　　　　　　　　**印　　次**　2023 年 12 月第 1 次印刷
字　　数	198 千字　　　　　　　　　　　**定　　价**　68.00 元

前　言

随着城市基础设施建设需求的增加以及城镇化建设水平的稳步提升，我国在基础设施领域的投资逐步增加，但政府难以承担如此巨大的投资额，由此，我国引入政府和社会资本合作（Public-Private Partnership，PPP）模式。

PPP模式被认为是满足基础设施需求、减轻政府财政压力、转变政府职能、提高项目运行效率及服务质量、改善国家治理、促进城镇化的有利选择。然而，PPP模式涉及的因素繁杂、参与方众多、投资金额巨大、项目风险因素产生的影响重大，相比普通建设项目而言，停工率更高，资金回收率更低，造成的法律合同纠纷更多，公众的反对程度更强，对项目风险管理的准确性要求更高。

从众多PPP模式的失败案例可以看出，由于缺少科学严谨的风险管理方法及手段，很多PPP项目风险因素的发生概率及影响程度无法准确判断，因此PPP项目全过程风险因素等级被低估，整个项目本身、项目参与方、公众、社会、环境都可能遭受重大损失。而对于PPP项目全过程的划分，没有具体的标准，常见的阶段划分有3种情况：分为决策、融资、建设及运营4个阶段；分为识别、准备、采购、执行及移交5个阶段；分为准备、采购、融资、建设、运营和移交6个阶段。因此，对PPP项目全过程风险管理进行研究非常有必要。

本书主要采用文献研究法构建项目风险因素清单，以及采用案例分析法确定风险因素。在此基础上，首先，采用德尔菲法确定关键风险因素，构建PPP项目全过程风险因素指标体系；其次，采用频次分析法确定风险因素的发生概率，采用问卷调查法对风险因素的重要性进行评估，以李克特五级量表为标尺对风险因素进行量化打分，即从风险因素发生概率及其影响程度两个维度确定风险因素的综合得分，进行风险因素等级评估；再次，构建GA-BP神经网络风险评估模型，对构建的风险因素指标体系进行评估；然后，将GA-BP神经网络风险评估模型评估的结果与BP神经网络模型评估的结果进行比较分析，结果发现，GA-BP神经网络风险评估模型的评估效果较好，离散程度较弱，收敛速度较快，预测精度较高；最后，根据项目风险因素等级评估结果制订策略，给项目各参与方提出具体的风险应对建议。

作　者

2021年10月

目 录

的推动作用。在此基础上，各地方政府和具有相关行业背景的社会企业都进行了积极的探索和实践。

截至2021年9月底，我国PPP项目库中累计入库项目10050个，投资额达到157440亿元。来源于财政部政府和社会资本合作中心的数据表明，全国政府和社会资本合作（PPP）综合信息平台管理库在2020年1月新入库项目42个，投资额378亿元；地方退库项目23个，投资额275亿元；净入库项目19个，投资额118亿元；落地项目80个，投资额1579亿元；开工项目52个，投资额759亿元。以上数据显示，我国PPP项目投资额巨大，落地项目众多，且保持稳步增长的趋势。

PPP模式的本质是充分发挥政府和社会资本各自的优势，将基础设施项目全生命周期内的设计、建设、融资、运营与维护转由社会资本主导，使其发挥在资金筹集、项目管理、专业技术等方面的优势，并通过合同明晰的风险、交易、回报、绩效产出结构等结构化激励机制，提高社会资本在基础设施建设与经营上的效率。政府则拥有"大政府"宏观调控和规则制定的权力，通过不完全对称的制度设计，特别是在采购管理、市场准入、绩效监管、价格调节等方面，督促社会资本提供不间断且物美价廉的公共产品和服务。因此，推动使用该模式，既是对政府和社会资本传统从属关系的改革，也是管理制度的创新。

在各国实践中，诸多因素推动着PPP模式的可持续发展，这些因素包括多参与方协同工作产生的规模效应、庞大且多元化的投融资市场、采购前充分的规划和项目筛选，以及具有捆绑性质的全生命周期项目管理等。

PPP模式的实施促进了我国政治和经济体制改革，促进了我国政府职能转变，充分利用市场优势推动了经济发展。但由于PPP模式在我国的应用尚处于探索阶段，且PPP项目往往投资额巨大、参与方众多，因此PPP项目常常受到多种因素的影响，面临多项风险，如工期拖延、合同结构复杂、不确定性大、回收周期长、组织关系复杂等，特别是PPP项目的资本运作仍有很多问题，具体表现为市场环境变化等。国内已经出现一些因各种风险因素而延期甚至失败的PPP项目。另外，在是否采用PPP模式进行项目建设方面也有很多的争议，相关投资建设多以定性分析为主，缺乏定量分析，这为项目后期运营埋下了隐患。因此，为保证PPP项目成功，需要对各种风险进行识别和预防，合理分担风险。

风险管理对于保证PPP项目成功及可持续发展具有重要意义，而不适当的风险管理可能会导致决策失误、难以融资、不能按时完工、运营效率低以及其他问题。我国的PPP项目涉及大量建设周期长、投资规模大的基础设施建设项目，这类项目建设过程复杂，所具有的风险程度较强。总的来说，大多PPP项目因为质量不佳、缺乏可行性研究阶段的风险评估、建设阶段风险管理薄弱而失败。因此，对城市基础设施建设PPP项目全过程进行风险管理研究，就成了重中之重。可靠的风险评估和管理作为PPP项目成功的关键，同样值得研究。此外，了解风险因素的重要性及其发生概率，对PPP项目风险管理来说也至关重要。

1.1.2　研究意义

PPP模式从探索到推广试点到发展短暂停滞再到如今发展的新阶段，在中国其发展已经趋于成熟。基础设施建设在我国PPP项目中占据了大半，失败案例往往是由没有对项目进行科学的风险管理造成的，因此在基础设施建设PPP项目中，对于存在的风险及风险管理问题，我们要加强重视。本书对城市基础设施建设PPP项目全过程进行风险管理研究，并给出了具体的建议。本书的研究具有一定的理论和实践意义。

1.理论意义

在风险识别阶段，本书在使用文献研究法及案例分析法的基础上采用德尔菲法确定关键风险因素，构建风险因素指标体系；在风险分析阶段，采用频次分析法确定风险因素的发生概率，采用问卷调查法求得风险因素指标权重，进而从发生概率和影响程度两个维度确定风险因素等级；在风险评估阶段，构建GA–BP神经网络风险评估模型，进行PPP项目风险评估；在风险应对阶段，给出具体的应对措施。通过风险管理4个阶段的研究，本书明确了相关理论的应用方法，本书的研究有助于全过程管理理论等的推广和普及，并有效巩固了项目风险管理的识别、分析、评估及应对流程。

2.实践意义

PPP项目具有规模大、投资多、合同结构复杂、不确定性大、回收周期长、组织关系复杂等特点，本书分析了城市基础设施建设PPP项目风险的来源和种类，确定了控制PPP项目风险的具体方法，完善了PPP项目的风险管理流程，规范了PPP项目风险管理机制，促进了PPP项目长期可持续性发展。在城市基础设施建设PPP项目中，需要采取一定的措施来防止风险的发生，对城市基础设施建设PPP项目全过程进行风险管理，可以分析中国城市基础设施建设PPP项目风险管理和控制的不足，确定各阶段的防控点，探索PPP项目风险控制措施，为更好地推进PPP项目建设提供参考。

1.2　国内外研究综述

1.2.1　国外研究综述

国外对城市基础设施建设PPP项目全过程管理的研究主要集中在PPP模式、PPP项目全过程管理、PPP项目风险管理3个方面。

1.国外PPP模式研究

（1）PPP模式内涵及特征

Cui等（2018）通过分析现有PPP的研究成果，认为PPP是一种可以提高基础设施产出经济价值的模式。他们探讨了基础设施建设PPP项目研究的6个方面，即财务方案与PPP应用、经济可行性与物有所值原则、项目风险、合同与绩效管理、PPP项目关键成功因素、项目治理与监管的现状。

Wu等（2020）指出，建设—运营—移交（BOT）模式是一种特许经营模式，由私营部门承担主要责任并负责项目的融资、设计、建设和运营，待项目特许权期结束后，再将其无偿移交给政府；设计—建设—融资—运营（DBFO）模式是政府在签订长期合同后向私营部门转让财产，指定付款、服务标准和绩效评估方式，并将财产转回的一种模式；建设—拥有—运营（BOO）模式是私营部门融资、建设、运营并拥有基础设施项目的一种模式。

（2）PPP模式理论

Parker等（2003）基于私人融资计划（PFI）的经济学理论来研究PPP模式，主要探讨了PPP模式中存在的交易成本理论和关系契约理论，指出信任和声誉在PPP项目中的重要性，以及信息不对称、机会主义行为和资产专用性对项目造成的风险。

Moore等（2017）引入委托代理理论，认为PPP模式是政府委托人与代理签订合同以提供公用事业基础设施，以及为私营部门合作伙伴、政府所有的公用事业公司或由政府监管的私营公用事业公司提供服务的模式。

Benítez-Ávila等（2018）指出，在PPP模式中，契约关系是一种正式的机制，或是在书面文件中定义并被官方正式批准的规则，其基于协作和由此产生的项目绩效来限制未来的项目数量，通过分配风险和制定可执行的标准来实现目标；鉴于政府部门和私营部门的性质不同，他们指出，契约关系强调公开讨论以协商解决项目中的各种问题。

Liang等（2019）提出，博弈论是一种可以用来处理理性决策者之间冲突、讨价还价等问题的工具，并由此提出博弈进化论；由于政府部门和私营部门之间存在较多的利益冲突、机会主义行为、信息不对称和风险分配不合理等问题，PPP模式被认为是一种不完全信息动态博弈工具。

综上可知，国外对于PPP模式的研究已经非常深入，PPP模式一般被认为是政府部门和私营部门为提高基础设施产出而建立的由私营部门负责项目融资、设计、建设及运营的长期合作模式。PPP模式不同于一般的建筑承包模式，其涉及的理论偏多，一般有交易成本理论、委托代理理论、关系契约理论、博弈论等。

2.国外PPP项目全过程管理研究

Li等（2011）提出，模糊层次分析法作为风险评估技术，可以用来模拟人类判断的模糊性，提高评估的准确性。PPP项目全过程按PPP项目全生命周期可分为可行性研究、招标、融资、设计、建设、运营及移交7个阶段。他们

模型法（ISM）确定了风险分析层次结构以及不同风险间的相互关系，最终确定了17项风险因素，并根据风险因素发生概率和影响程度进行排序，确定了风险因素的等级划分标准。

Liu等（2018）通过问卷调查法探讨项目风险因素，并利用优劣解距离法（TOPSIS）从项目/技术、政治/法律、经济、社会/环境4个方面计算电动汽车充电基础设施建设PPP项目及3个备选项目的整体风险水平。

（3）关于风险评估的研究

Li等（2011）通过模糊层次分析法（FAHP）减轻主观判断的模糊性并改善评估的精确度，在此基础上对比分析FAHP和层次分析法（AHP）这两种评估方法，最后，找出规划不足、项目剩余价值低（运营30年后）、缺乏合格投标人、设计缺陷、项目审批时间长5项关键风险因素，而且列出了项目风险现状。

Valipour等（2018）研究了逐步加权评估比率分析法（SWARA）、复杂比例评估法（COPRAS）、模糊网络分析法（FANP）、模糊层次分析法（FAHP）、模糊优劣解距离法（FTOPSIS）、简单加法加权法（SAW）和基于离平均方案（平均解）距离的评价方法（EDAS）等几种风险评估方法，并将其应用于PPP项目风险评估。最终结果显示，使用各评估方法可以得出大致相同的风险因素评估排名，EDAS的性能稍好一些。

Liu等（2018）提出了一种基于灰色系统理论的风险评估方法，通过邀请一些专家比较PPP项目风险指数，建立风险判别矩阵，基于改进的灰色关联度风险评估模型，判定项目风险因素的指标权重。实验表明，改进后的模型具有较高的风险评估精度，具有较大的实用价值。

Valipour等（2015）通过文献综述、访谈和调查问卷收集研究数据，建立了模糊网络分析法（FANP）风险评估模型，对项目中的风险因素进行优先排序，以克服不同风险等级划分方案之间相互依赖的问题。

Ahmadabadi等（2019）关注到风险因素之间的相互作用和利益相关者期望，针对PPP巨型项目，使用结构方程模型（SEM）建立了评估框架，将所建立的SEM应用于一个实际的PPP-MEGA项目，对32项已识别的风险进行排名，并通过8条风险路径表明这些风险因素可能影响项目成功的概率。

Zhang等（2019）采用文献综述法、研究小组头脑风暴法和专家访谈法收集用于分析的风险因素，采用决策试验和评价试验法（DEMATEL）对风险因素进行优先排序，然后分析它们之间的相互依赖程度，以识别关键风险因素。研究结果表明，监管体系不健全、政府干预、法律法规不成熟、项目碎片化和边界不明确是关键风险因素。

Wu等（2018）建立了PPP项目风险因素指标体系，用层次分析法确定风险因素权重，用灰色综合评价法进行评价，将风险分配给不同的参与者，并提出相应的风险应对策略。

Wu等（2017）根据问卷调查结果，为中国公私合作秸秆发电项目确定了44项风险因素和19项关键风险因素，并将其分为4组，然后通过模糊综合评价法确定风险因素发生的可能性、影响的大小、综合风险水平。

（4）关于风险分担的研究

Jin（2010）提出了1个理论框架和5个假设。他利用多元线性回归技术对在全行业调查中收集的数据进行了分析，并据此提出风险分担理论框架，这为PPP项目风险分担策略的制定提供了支持。

Sastoque等（2016）旨在通过访谈确定与哥伦比亚公立学校发展相关的风险因素，其研究结果表明，私营部门必须承担自然风险、金融风险、宏观经济指标风险、建设风险和运营风险，公共部门必须承担社会风险、选择项目风险和政治风险，而法律风险、剩余风险、关系风险应由公共部门和私营部门共同承担。

Lam（2020）研究了在公共基础设施建设项目中采用PPP模式存在的风险，得出在项目进行过程中应该将风险分担给项目各参与方的结论，并提出相应的应对措施，以控制项目进行过程中存在的风险。

综上可知，PPP项目风险管理的流程大致分为风险识别、风险分析、风险评估和风险应对，大多是构建项目风险因素指标体系，从风险因素的发生概率、影响程度或重要性等方面进行分析，构建风险评估模型，完成对项目风险因素的评估，最后根据评估结果制定相应的对策。

1.2.2 国内研究综述

PPP模式在国外出现得比较早，发展比较成熟，随着我国经济建设，PPP模式在国内也越来越多地被运用到基础设施建设领域。目前我国在PPP模式、PPP项目全过程管理、PPP项目风险管理3个方面处于探索和完善阶段。

1.国内PPP模式研究

（1）PPP模式内涵及其特征

刘志（2005）指出，PPP模式有两个层面的含义，广义上指政府和企业为改善公共服务而采用的一种合作模式，针对我国国情来说，PPP模式是在完善社会主义市场经济体制框架下，对公共服务领域投融资体制和管理方式进行的创新；狭义上指公共部门与私营部门共同参与生产，提供物品和服务的制度安排，是一种新型项目融资模式，合同承包、特许经营、补助等符合这一定义。PPP模式总体包括公共部门和私营部门就公共服务领域进行合作和融资的全面整体规划，这些领域包括城市运输、医院、学校等。根据当地条件和政策，不同项目会采取不同的配套方案。

陈柳钦（2005）指出，PPP是一种吸引民营资本投资以减轻政府财政负担并在一定程度上能够保证民营企业营利的新型融资模式，它有4个层面的含义：第一，PPP是一种新型项目融资模式；第二，PPP融资模式可以使民营资本更多地参与到项目中，以提高效率、降低风险；第三，PPP模式可以在一定程度上保证民营资本"有利可图"；第四，PPP模式在项目初期建设投资方面能够减轻政府负担、降低风险，能够提高公共服务质量。

柯永建等（2008）提出，PPP模式下，私营部门为项目融资，提供公共基础设施建设及运营服务，私营部门运营此项目的时间为25~30年。PPP模式在英国、澳大利亚等国基础设施和公用事业领域的应用，显示出其巨大优势，其应用范围涵盖交通、电厂、供水、污水/垃圾处理、医疗、国防、监狱和警局等领域。

叶晓甦等（2013）通过分析国外PPP模式理论研究成果和项目实践经验，以及国内关于PPP定义的文献资料，指出PPP是一种项目融资模式和公共产品供给方式，PPP模式是伴随着公共项目需求的多元化而产生的一种私营部门和公共部门合作的模式。因此，我国PPP模式的本质，一方面包含公与私的内涵，另一方面包含合作主体广泛性外延的内涵。

（2）PPP模式理论

宋波等（2011）从合同、委托代理、交易成本、协调和中间层等几个理论方面探讨了PPP项目的合作和运行机制，他们指出可以从3个方面理解PPP模式：第一，它是公共部门和私营部门共同参与公共生产和提供公共物品与服务的制度安排；第二，它针对的是一些复杂的、多方参与并被民营化了的基础设施项目；第三，它是企业、社会、行业、民间权威组织和政府为改善城市状况而选择的一种正式合作模式。

叶晓甦等（2013）主要从关系型合同、交易成本经济学、产权经济学和博弈4个理论方面进行研究，他们认为PPP是一种基于合作伙伴的契约关系，是一种社会博弈，交易成本在PPP项目中发挥着重要的作用，因此应该合理安排私营部门参与政府部门提供的产权，以使其联合剩余最大化。

任志涛（2018）通过分析确定公共产品、新公共管理、外部性、不完全契约，以及失败学5项PPP相关理论，指出PPP是一种公共产品，是一种基于契约的合作。

代雨秀（2018）提出全生命周期、公私合作和风险管理3种PPP项目理论，指出PPP项目由分阶段完成的任务组成，项目的各个阶段共同构成一个完整的生命周期，PPP模式是由公共部门和私营部门通过契约的形式达成的合作伙伴关系，即政府和社会资本之间达成的委托代理关系。

符丁文（2021）通过对城市基础设施改造的传统建设方式和现在的PPP模式进行对比，探讨了PPP模式在我国快速城市化进程中所起到的积极作用，分析了这种融资模式在实际操作中可能存在的风险。

综上可知，国内大多数学者将PPP模式定义为一种为实现公共项目建设或为提供公共项目服务而融通资金的融资模式；关于PPP模式的相关理论，大多集中在关系型合同理论、委托代理理论、交易成本理论、不完全契约理论等方面。

2.国内PPP项目全过程管理研究

财政部政府和社会资本合作中心将PPP项目操作流程分为项目识别、项目准备、项目采购、项目执行和项目移交5个阶段。

杨文宇（2010）认为，项目风险管理是由项目风险识别、项目风险度量、项目风险应对、项目风险监控，以及项目风险管理计划等构成的一种项目专项管理工作。根据PPP项目的特点，公共部门和私营部门合理地分担风险在PPP项目运作中具有特殊重要性，他将PPP项目全过程分为准备阶段、招标阶段、融资阶段和实施阶段，并对项目风险管理内容进行了描述，制订了计划、识别、度量、分配、应对和监控6项风险管理任务及方法。PPP项目建设和运营的周期比较长，项目本身以及环境的不断变化，使得项目在运作过程中会不断产生新的风险，因此需要在项目各个阶段不断地重复风险管理各项工作，对新产生的风险进行识别、度量、分配、应对和监控。PPP项目全生命周期动态风险管理，就是在PPP项目全生命周期的准备阶段、招标阶段、融资阶段和实施阶段实行动态的风险管理。

丰景春等（2016）将PPP项目全生命周期阶段划分为立项阶段、融资阶段、实施阶段、特许经营阶段及运营阶段5个阶段，确定了PPP水利项目13项工作内容及各阶段的工作方法。PPP水利项目全生命周期的5个阶段之间存在内在客观规律，各阶段的主要工作内容和工作方法是不同的，需要根据PPP水利项目全生命周期各阶段的工作内容，明确责任主体，协调各方关系，以确保各阶段工作顺利进行，提高PPP水利项目的成功率。

黄崇焕（2017）将PPP项目全过程分为前期阶段、建设阶段、特许期经营阶段及跨生命周期阶段4个阶段，并针对每个阶段识别出的项目风险提出了管控建议。PPP模式是政府与民营资本合作的新型方式，对基础设施建设及发展具有重要意义。对PPP模式加以了解，并在全生命周期的视角下对风险因素进行准确识别，才能实现对PPP项目风险的良好管控。与此同时，基于全生命周期完善PPP项目各个阶段的风险识别机制，有利于提前预知风险，方便各方及时提出风险管控对策。PPP项目风险并非完全可控，因此应结合项目特征，最大限度地对风险出现时间、条件进行细致分析，从而随时调整风险管理措施，以满足风险管理实际需要。

代雨秀（2018）从风险管理一般框架模型入手，按PPP项目全过程风险组织管理、信息管理以及内外部环境将项目全过程划分为准备阶段、采购阶段、融资阶段、建设运营阶段和移交阶段5个阶段，并按照风险识别、风险评估以及风险应对构建全过程风险管理框架，最终实现管控项目风险的目的。

付凌云（2018）通过分析有关PPP项目风险管理理论，把PPP项目全过程风险管理划分为识别阶段、准备阶段、采购阶段、执行阶段和移交阶段5个阶段，并按照风险识别、风险评估、风险管理技术的选择实施和审查这一风险管理过程来完成项目的全过程风险管理。

方卉子（2019）基于全生命周期理论和风险管理理论将PPP项目全过程风险管理分为准备阶段、采购阶段、执行阶段、移交阶段、跨阶段5个阶段，构建了风险因素指标体系，并按风险识别、风险评估、风险分担及风险应对进行项目的全过程风险管理。

综上可知，国内大多数学者基于PPP项目风险的本身特征、全生命周期理论、风险管理理论、过程及框架模型将PPP项目全过程风险管理大致分为前期准备阶段、招标采购阶段、融资阶段、执行阶段及移交阶段等。

3.国内PPP项目风险管理研究

（1）关于风险识别的研究

梁冬玲（2014）通过改进理想点法建立项目多目标风险分担模型，使多参与主体以最优比例共担风险，并得到了PPP项目的风险量化结果。

吴卫锋（2015）通过对我国城市污水处理行业市场化发展历程进行研究，搜寻特许经营权协议中存在的关键因素，得到污水处理BOT项目风险因素及其影响途径，并以故障树的形式展现各种风险因素对进水量、经营成本、收益率、投资额的作用关系。

王雅华（2018）详细分析类似项目的文献及实际案例，采用定性与定量相结合的方法，运用文献研究法和频度调查法进行风险的初次识别，然后运用群组决策特征根法，使用MATLAB软件进行风险的二次识别，结合实际情况，识别出23项关键风险因素。

李丽等（2016）从全生命周期理论出发，按照基础设施建设PPP项目全过程划分并识别风险因素，最终确定决策阶段7项、融资阶段10项、建设阶段11项、运营阶段8项，以及跨生命周期各环节18项共54项风险因素，为后期风险分担奠定了一定的理论基础。

李悦光等（2019）采用文献研究法识别出公共文化类PPP项目的34项建设期风险因素，运用专家访谈法得出22项特定风险因素，并基于此提出5类风险防范措施，为后续非经营性公共文化类PPP项目风险管理提供了实践指导。

尹海滨（2017）在国内外PPP项目风险问题研究的基础上，构建了以政策风险、市场风险、运营风险、财务风险、开发风险为外因潜在变量，以PPP项目风险为内因潜在变量的假设模型，通过问卷调研方式收集数据，采用结构方程模型，分析了PPP项目风险的关键影响因素并提出了相应的控制措施。

张智鸿等（2019）基于文献研究法，遴选了18个PPP项目风险因子，构建了3层PPP项目风险指标体系，并采用因子频数确定权重的方法对传统的层次分析法进行了改进，解决了传统权重确定方法中主观性过强等问题。

（2）关于风险分析的研究

亓霞等（2009）通过对我国PPP案例进行梳理，提出PPP项目失败主要是由法律变更风险、审批延误风险、政治决策失误/冗长风险、政治反对风险、政府信用风险、不可抗力风险、融资风险、市场收益不足风险、项目唯一性风险、配套设备服务提供风险、市场需求变化风险、收费变更风险和腐败风险这13项风险因素导致的，这些风险因素的存在使得PPP项目收益具有不确定性。

孙洁等（2019）在问卷调查的基础上，构建了风险因素指标体系，经过风险指标权重计算，从19项风险因素中筛选出9项制约PPP项目发展的关键风险因素，并通过相关检验和因素分析将其划分为4个关键风险组群：政治风险、经济风险、市场环境风险、合作风险。

赵丹等（2018）以集对分析理论为基础，采用熵权法对PPP项目风险因素指标进行计算并确定各项指标权重，采用集对分析法进行评价，进而确定项目风险因素等级水平。

吴雨晴（2018）借助网络分析法（ANP）对PPP项目的风险因素指标体系进行分析，用SD（Super Decisions）软件计算出项目风险因素的指标权重，分析其结果并为后续项目的风险管控提供了依据。

张宏等（2019）对PPP项目的风险因素进行了识别和重要性分析，同时应用系统动力学方法构建了PPP项目风险动态影响模型，最后进行敏感性分析并确定了最终的风险因素等级。我国PPP实践中有大量建设周期长、投资规模大的基础设施建设项目，这类项目建设过程复杂，风险程度较高。

陈艳利等（2021）采用内容分析法，结合项目情况，对风险因素进行识别，提炼出15个风险指标，构建出涵盖6个维度的风险评价层次体系；用AHP（层次分析法）与FCE（模糊综合评价法）构建融资风险评价模型，得出风险因素重要度排序和综合融资风险值。他们提出，以PPP模式运行基建项目时应关注利率波动、融资可获得性等风险指标，重视建设期和运营期的潜在风险。

（3）关于风险评估的研究

王露康（2019）对以往文献进行了分析研究，首先运用文献频次统计法识别出初始的风险因素清单，从系统论角度出发，采用风险分解结构法构建运营风险评价指标体系，其次运用专家调查问卷法，获得与评价指标相关的数据，最后对问卷调查数据进行处理，筛选出"高"类指标，完成PPP项目风险指标体系的评估。

有维宝等（2019）通过案例分析法和德尔菲法构建项目风险评价指标体系，采用三角模糊数及模糊优先规划法（FPP）确定项目风险因素指标权重，构建基于D-S证据理论的风险评估模型，确定项目风险评判等级。

刘菁等（2019）提出了"3+1"风险评价模式，即采用调查问卷的方式，由专家打分，对指标进行赋值并确定指标权重，以风险发生概率、影响范围以及严重程度3项平均分的乘积按指标权重加权，最终得到项目风险因素等级水平。

高华等（2019）将PPP项目全过程管理划分为5个阶段，构建了包含126项风险因素的指标体系，采用AHP确定风险因素指标权重，构建项目风险灰色聚类评估模型，并求得PPP项目的风险因素等级。

张曼璐等（2019）构建了失效模式与后果分析−数据包络分析（FMEA-DEA）项目风险评估模型，对项目风险因素进行评估并确定了关键风险因素。

汪振双等（2019）利用变异系数法确定指标权重，采用功效函数法构建项目风险评价模型，对项目风险因素进行排序评估并确定项目风险因素等级，最后针对建筑垃圾处理PPP项目提出具体的风险因素管控建议。

石振武等（2019）构建Delphi−FANP风险评价模型，在确定项目风险因素指标评价体系的基础上，运用德尔菲法，结合三角模糊数方法，构建模糊加权超矩阵，按网络分析法确定指标的权重向量并将其作为项目风险因素等级的评价结果。

王钰莹等（2019）通过PEST模型构建风险指标体系，构造多级可拓风险评价模型，确定污水处理PPP项目的风险等级。

王帅等（2019）构建项目风险因素指标体系，利用粗糙集对风险因素进行降维处理，并采用熵值法修正序列，采用综合法以综合集成赋权的方式确定指标权重，运用系统动力学方法进行仿真分析，进而确定项目风险因素等级。

陈元等（2017）为正确评价基础设施PPP项目的风险等级，将风险控制在一定范围内，提出了建立物元可拓模型的评价方法。

陈韵等（2019）在风险识别的基础上，构建了老旧小区更新提升PPP项目风险评估指标体系，基于传统物元模型局限性的分析，构建了基于改进物元模型的老旧小区PPP项目风险评估模型。

（4）关于风险分担的研究

张秋菊（2011）通过分析基础设施PPP项目风险分担原则，在此基础上建立了以风险价值认识度、风险承受能力及风险应对能力为主的风险分担评价体系，并进行了实例运用。

李林等（2013）论证了基础设施PPP项目各参与方在地位对称但信息不

对称条件下引入博弈论的方法，结合不同的项目，提出了PPP项目风险分配方案，最大限度上合理分散项目各参与方的风险，得到的结果显示，PPP模式能够使公私双方共赢。

李丽红等（2014）认为，在PPP项目风险因素指标体系中各要素与外界交换物质和信息的过程是一个动态的过程，因此风险分担机制是一个动态系统，在此基础上他们提出了风险分担动态原则。

顾莅姣（2015）根据PPP项目属性和特征分析发现，新常态下PPP项目风险包括法律冲突风险、PPP项目合法合规性风险、投资人选择方式风险、合同期过长风险、价格或补贴风险、项目唯一性风险、政府信用风险等，并针对这些风险提出了相应的风险分担办法，包括将PPP协议纳入民事协议范畴、严格立法立项、确保投资人中选合法、合理规划合同条款、提高政府信用度等。

望明明（2019）主要采用沙普利（Shapley）值法以政府部门和社会资本为主体对污水治理PPP项目进行风险分担研究，获取了科学合理的项目风险分担方案，有助于更好地推动PPP模式在污水治理项目中运用。

侯嫚嫚（2017）通过假设在成本风险发生的情况下，建立政府方和私营方之间的合作博弈模型，在双方共赢的基础上求出纳什均衡解，得出政府方和私营方各自的最优风险分配比例，最后针对PPP协议的特殊性以及公私双方对于风险分配的决策依据提出建议。

谭雅妃（2019）通过合作博弈论构建各利益主体的风险分担模型，结合水环境治理的特点及风险分担原则，分析PPP项目的风险分担影响因素，利用模糊层次分析法（FAHP）计算影响因素权重并对Shapley值法的合作博弈模型进行了修正，修正后的风险分担方案权衡了各参与方实际的风险承担能力。

综上可知，国内对PPP项目的风险管理大致分为识别、分析、评估、应对4个阶段，本书在梳理理论文献的基础上建立风险因素指标体系，采用风险分析方法确定风险因素的指标权重，确定风险因素的重要性排序，进而构建评估模型，完成对PPP项目风险因素等级的评估并制定相应的策略。

1.2.3　文献述评

本书通过对国内外学者关于PPP模式、PPP项目全过程管理及PPP项目风险管理的相关文献进行梳理，发现国内外相关研究已经非常深入，理论研究方面比较成熟，方法复杂且运用了大量的数学模型。但是，国内外学者针对PPP项目全过程风险管理的研究较少：在风险识别阶段缺乏大样本的案例研究；风险分析及评估阶段的研究则比较成熟，常见的风险分析方法大致可分为德尔菲法、层次分析法（AHP）、频次分析法、网络分析法（ANP）、熵权法和贝叶斯模型平均法（BMA）等，而大多数文献仅使用单一方法确定风险因素的重要性，较少使用综合方法从发生概率和影响程度两个维度确定风险因素等级；常见的风险评估方法大致可分为模糊综合评价法、灰色系统理论模型、结构方程模型和物元可拓模型等，对于非线性映射的神经网络评估方法较少研究，而在神经网络的基础上引入遗传算法进行优化，可以得到全局最优解；在风险应对阶段，大多数研究者通过合作博弈模型进行风险分担机制研究，在给出具体的应对措施及建议方面有所欠缺。

基于上述文献，本书拟从城市基础设施建设PPP项目全过程风险管理角度进行研究，并针对上述文献的不足提出本书的研究方案。首先，确定城市基础设施建设PPP项目全过程风险管理范围；其次，采用文献研究法、案例分析法与德尔菲法相结合的方法构建项目风险因素指标体系；再次，借助频次分析法确定风险因素的发生概率，借助问卷调查法确定风险因素的指标权重；然后，采用基于遗传算法的BP神经网络优化算法对确定的风险因素指标体系进行评估；最后，根据项目风险分析及评估结果给出具体的应对策略及建议。

1.3　研究方法与技术路线

1.3.1　研究方法

本书主要采用5种研究方法。

1.文献研究法

通过收集整理有关PPP模式、PPP项目全过程管理、PPP项目风险管理等的文献资料，从中归纳总结基于PPP模式的城市基础设施建设全过程风险管理中的项目风险因素清单。

2.德尔菲法

邀请有关PPP项目领域的专家，对通过文献研究法等确定的项目风险因素清单进行判断并给出说明意见，经过几轮探讨，调整其具体的修改意见，进而确定项目风险因素指标体系。

3.频次分析法

通过收集财政部政府和社会资本合作中心、原国家环境保护部、中国政府采购网等PPP相关主流网站公布的PPP项目失败案例，从客观的角度统计各风险因素的发生概率。

4.问卷调查法

在确定项目风险因素指标体系的基础上，对PPP项目全过程管理研究人员、行业从业人员（行业领域、工程技术、金融、项目管理、财政和法律专家）等发放调查问卷，由以上人员打分，按平均排名分析法确定各风险因素的指标权重。

5.基于遗传算法的BP神经网络优化算法

在由频次分析法确定各风险因素发生概率及由问卷调查法确定各风险因素指标权重的基础上，利用GA-BP神经网络风险评估模型对风险因素指标体系进行评估，确定其总体风险因素等级及各风险因素的等级量化值，得出最终的评价结果。

1.3.2 技术路线

技术路线如图1-1所示。

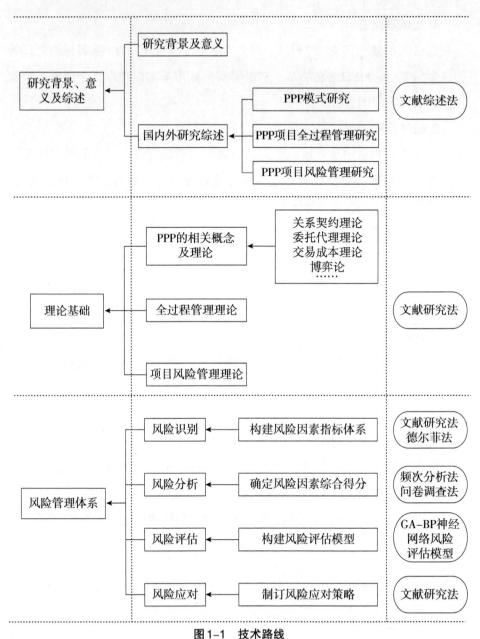

图1-1　技术路线

1.4　创新之处

在风险识别阶段，国内外大多数学者通过问卷调查法或访谈法进行研究，这些方法的研究范围大多集中于个案，缺乏大样本的案例研究。而本书在使用文献研究法等的基础上还采用了德尔菲法，即采用了主客观相结合的方法，识别出的风险因素更加切合实际情况。

在风险分析阶段，大多数学者采用单一的风险分析方法确定风险因素等级。而本书采用频次分析法确定风险因素的发生概率，用问卷调查法计算风险因素的指标权重，进而从发生概率和影响程度两个维度确定风险因素等级，分析结果更加准确。

在风险评估阶段，本书通过遗传算法对BP神经网络的连接权重和阈值进行优化，这不但可以充分利用遗传算法的全局搜索能力和BP神经网络的局部搜索能力，而且克服了BP神经网络的固有问题，即能够跳出局部区域，获得全局最优解。因此，采用此组合算法可以大幅提高BP神经网络的局部搜索能力，弥补其本身固有的缺陷。

对时间维度的忽视常见于PPP风险管理相关文献。本书在分析PPP模式下城市基础设施建设全过程的风险因素时具有阶段性及重点突出性特点。

2 PPP项目全过程风险管理理论基础

2.1 PPP模式相关概念及理论

2.1.1 PPP模式

1.PPP模式概念

PPP（Public-Private Partnership）是随着公共项目需求的增多而产生的公共伙伴关系模式。随着经济建设需求的增加，PPP模式在我国广泛应用。在中国，PPP模式从探索到推广试点、到短暂停滞、再到如今发展的新阶段，已发展得非常成熟。PPP模式是在全球化竞争压力下新的公共管理产物。然而，目前对于PPP模式的定义，并没有一致的结论。

Keers等（2018）将PPP模式定义为公共部门和私营部门之间的长期工作安排，私营部门通过与公共部门签订合同，负责设计、建造及运营项目，以满足公众的需求，并由公共部门保证私营部门的合理收益。他们指出，私营部门提供的服务比公共部门更有效。

Ahmad等（2018）将PPP模式定义为公私合作伙伴关系，这种模式下，私营部门创建的独立企业负责建设、运营和管理公共基础设施，向公众提供公共产品及服务。他们指出，PPP模式可以充分利用公共部门和私营部门以及两者之间的联合优势，引入市场机制或使公共服务私有化，PPP模式是一种旨在追求共同目标的协作形式。

总之，PPP模式是政府和私营部门之间为提供某种公共物品或服务而达成一致的长期合作伙伴关系，一般由政府部门负责招标、融资、监督等，保证私营部门的项目收益，私营部门负责设计、建造、运营、维护及管理项目的全生命周期，以满足公众需求，最终实现两者共赢。

2.PPP模式特征

第一，PPP模式下有两个或多个参与方，基本的组成结构是一个公共组织和一个私人实体，除此之外，建筑承包商、运营商、消费者和金融机构等也构成PPP项目的参与方。

第二，合伙人单独充当委托人，政府和私营部门之间形成一种委托代理关系，政府方委托私营部门完成PPP项目并保证其合理收益。

第三，PPP是一种可持续的长期伙伴关系，PPP项目一般持续时间较长，以项目全生命周期为基础，参与方可以建立长期的伙伴关系，但这种关系往往是一次性的，会随着项目的结束而结束。在PPP项目中，各参与方的目标是使用最少的资源产出最优质的产品或提供最优质的服务，达到资源优化配置的目的。

第四，合作伙伴必须在资本或土地等资源方面有某种形式的贡献，如政府提供项目用地、私营部门提供社会资本，以保证项目顺利完成。

第五，各参与者或合作伙伴分担责任、风险和结果。采取有效的风险分配和应对措施是风险共担的重要原则，这样有利于实现项目风险最小化的目标。

2.1.2　PPP相关理论

1.公共产品理论

尽管对公共产品的早期论述可以向前追溯到亚当·斯密，甚至更早，但第一个对公共产品作出现代经济分析学的人是萨缪尔森，在《公共支出的纯理论》中，他从市场消费的角度定义公共产品：在市场这个大的系统中某一组织消费某种物品不会侵犯其他组织对本物品的消费权利的一种产品。从萨缪尔森对公共产品的定义可以看出，公共产品的概念相对于私人产品具有排他性和非竞争性这两个显著的特点。公共产品理论认为，社会产品根据其效用是否可分割、受益是否排他及消费是否可竞争等标准可分为3类：公共产品、私人产品、准公共产品。

公共产品的供给主体是政府，具有效用的不可分割性、收益的非排他性、消费的非竞争性，其由社会公众共同使用。

私人产品的供给主体是市场，具有效用的可分割性、收益的排他性、消费的竞争性，由付费的个别主体使用。

准公共产品的供给主体是政府+市场，部分具有效用的可分割性，部分存在收益的排他性，部分存在消费的竞争性，由政府和市场共同供给。

公共产品理论是分析公共产品社会属性、自然属性、选择服务或产品生产方式的基本理论。

我国公共基础设施大多属于准公共产品，具有一定的经济性，可以通过运营和政府补贴来获得收入，减少政府财政压力，提高公共产品的社会资源配置效率和使用效率。在整个项目中，私营部门负责建设、运营，政府部门则会把运营价格限定在一定水平之下，以保证公众利益。

从PPP模式的概念可以看出，PPP项目是能够为社会提供公共服务的项目，其属于公共产品的一种，即其效用范围为全社会各个领域。公共产品理论自诞生以来，经历了从以政府供给为主导到市场供给、第三部门供给、PPP模式供给供给方式多元化演变的过程。供给不等于有效用，效用是理性消费者把有限的资源分配给能带来最大满足的商品。与政府供给、市场供给和第三部门供给相比，PPP模式供给具有鲜明特征。PPP模式供给是多主体运行的，政府与社会资本合作，在一定程度上实现了"政""企"分离，有利于提升供给的管理效率，公共产品通过社会资本代理运行，有利于实现效率与公平的相对统一。政府通过与社会资本签订合同建立合作关系，厘清风险和利益分担的方式，达成双方都可以接受或者都认可的合作条件，从而进一步将PPP模式应用到公共基础设施建设领域。PPP模式结合了政府提供和私人提供的双重优势，既有私人企业的效率，又避免了私有化过程中不可避免的一些宏观问题。

PPP项目的公益性表现在3个方面：

一是多为具有服务性功能的基础设施项目。基础设施项目是国民经济的命脉，是促进社会发展的基础。

二是服务对象的普遍性。PPP项目作为劳动产品，其服务对象既包括自然人也包括企事业单位等法人及社会团体，它服务于全社会所有的生产、流通和消费部门及政治、军事、文化等各个领域。

三是服务效益的社会性。一些PPP项目（如公路项目、污水处理项目、燃气项目等）不但能产生较好的直接经济效益，而且能产生更大的社会效益，能为促进社会经济发展创造重要的条件。

2.新公共管理理论/政府管理理论

新公共管理理论主张政府的作用是"掌舵"而不是"划桨"，是决策而不是执行，主张政府在应该由市场来调节的经济活动中起到指导、适当干预的作用，而不是介入、控制的作用。该理论提倡通过市场改变"政府失灵"，改革政府机构，减少市场经济活动中的政府干预，在公共事业领域引入市场竞争机制以提高效率，并且该理论以顾客为导向，注重公众参与。

PPP模式是实现新公共管理变革的重要工具之一，新公共管理理论的很多观点既是PPP模式的理论源泉，也可以作为其核心准则通用于公私合作项目管理。

PPP模式是各国寻求新型执政方式的一种探索。

首先，PPP模式强调政府职能的转变。政府在业务模式重新定位过程中，从直接的服务提供者转为推动者。新公共管理理论主张政府在行政管理过程中把管理职责和具体操作分开，缩小政府规模、减少开支、提高效率。PPP模式强调，作为伙伴关系之一的政府部门，从宏观上对项目进行规划、监督和控制，并提供外在条件支持、政策法律保障，降低政治风险。

其次，传统管理模式下，公共产品缺乏创新和竞争、对市场回应不敏感、缺乏多样性。新公共管理理论认为，政府应该以民众的需求为导向，提供回应性公共产品，并强调公民参与和服务小规模化的重要性。PPP模式更注重项目采购前的匹配度筛选和基础设施需求计划的制订，大部分项目将具体设计任务划归私营部门。

再次，PPP项目专注于服务交付，与私营部门签订的长期服务和维护合同能够保证私营部门根据市场需求及时做出调整。这种方式也有利于收集公共产品的市场信息，从源头上减少项目风险。另外，PPP项目事关公共利益

涉及 PPP 项目从设计到完成整个项目的全生命周期。在此期间，由于 PPP 天然的不完全契约属性，参与方会根据项目进展情况而进行协商、谈判以及调整。另外，合作也融入了伙伴式项目管理方式，即非契约性协议支持，这种关系引入了几个关键元素，包括各合作方的信任、承诺和共同愿景。伙伴式项目管理方式是 PPP 模式一大重要转变，它不仅要求合作成员共同协调工作，以实现规模效应，更激励参与者互动结盟，消除组织间壁垒，这也是 PPP 项目成功的重要因素之一。

PPP 模式是一种基于契约的合作，具体表现在项目的特征、合作模式的选择及参与方的合作意愿等方面。从项目特征的角度看，PPP 模式应用于经营性或非经营性的基础设施，以达到政府提高城市基础设施水平、更好地为公众提供服务的目的；从合作模式选择的角度看，PPP 模式是政府与社会资本就基础设施项目顺利建设、运营而达成的一种或多种合作方式，即 OMC/BTO/TOT/BOT/BOOT 等合作方式交叉选择的契约形式；从各参与方合作意愿角度看，PPP 模式是各参与主体在为社会公众谋福利的基础上，在项目整个实施周期为实现各自利益最大化并对项目负责而实行的一种合同方式。

4.委托代理理论

如果一方自愿委托另一方从事某种行为并签订合同，委托代理关系即形成。授权人就是委托人，而获得授权的人就是代理人或称被委托人。通常，委托人和代理人之间的合同明确规定了双方的权利和义务，其中也会明确约定：在委托范围内，代理人行为的后果由委托人承担。委托代理模型建立在非对称信息博弈论之上，能够解释由不完全信息引起的激励约束问题。在合同交易中，代理人比委托人掌握更多私人信息，拥有信息优势，且代理人行为不能被观察或监督，代理人行为成本极高。同时，双方风险偏好不同，委托人中立，代理人倾向于风险规避，为了平衡双方的利益，委托人希望设计一种最优契约机制，在满足自身利益最大化要求的同时，授权、约束并激励代理人活动，从而减少代理问题、降低代理成本、提高代理效率。

最优契约的实现需要满足3个条件：一是共同承担风险；二是能够利用一切可能信息，利用概率统计设计契约；三是报酬结构因信息性质的不同而不同，双方应对不确定性十分敏感。在制定激励约束时，委托人还需要考虑与代理人相关的两个约束，即参与约束和激励相容约束。参与约束是指代理人选择参与该项目得到的最大效用大于等于选择其他项目（面向整个市场的其他机会）得到的效用，即机会成本。激励相容约束是指代理人通过努力实现自身效用后，委托人应采取激励措施保证效用最大化。激励机制设计的关键是把努力的结果与所能获得的报酬联系起来，激励代理人为了自身的利益而努力工作。委托人设计一系列契约，试图使预期利润最大，而代理人在愿意接受这些契约的条件下使自身效用最大。

PPP项目主要是政府委托私营部门提供一系列公共项目产品、服务和资金。在传统的PPP公用事业服务项目中，大多数PPP项目的代理人是以项目公司的形式组织起来的，由专门注册成立的公司组成的财团提供这项服务。私营部门负责融资、设计、财务、建造、运营和维护基础设施建设项目（或其他项目），并保证相关服务达到商定的标准，在合同期结束后，基础设施的所有权归政府部门所有。政府部门主要负责对项目公司进行监督和绩效评价，在公共事业领域引入市场机制，以提高公共产品或服务的供给效率、质量标准。私营部门可以获得：可用性付款，即与政府协商的费用；使用费，即政府支付的费用，其随公共产品使用量的不同而不同；影子通行费，即社会资本对公共产品使用者收取的费用，用以保证其收益。政府委托私营部门提供公共产品或服务，有许多相对于其他所有权和管理结构上的优势。项目公司由于拥有更强大的激励机制，在技术上比政府更有优势，而且风险能够转移给最有能力管理它们的部门。

委托代理关系有其特殊的前提条件，比如项目的所有权和经营权分离，委托人将经营权以合同方式让渡给代理人，代理人由市场机制选出。委托人有权进行监督和控制，在发现代理人未充分履行职责、未维护委托人利益和意图时，委托人有权重新选择代理人。

委托代理关系会产生各种问题：所有合同都是不完整的，因为未来发生的事项不可能都完全包括在合同中；资产质量和服务是可收缩的，如投资存在影响资产质量的潜在行为（道德风险），提供服务的真实成本也存在隐藏信息（逆向选择）；用以投资的是服务供应商的私人信息及其成本，这样便会产生道德风险问题以及对服务供应商造成不利影响的选择问题（出租信息）；委托方与代理方都是经济理性人，即都寻求自身利益的最大化，政府希望提高建设阶段的投资效率和服务，建筑商和服务商寻求利润最大化。

假设公用事业服务的提供、所有权选择和管理结构以社会福利最大化为目标，或者更准确地说，以实现经济效益为目标，则如何使其既被代理人接受（它满足"参与约束"）又能激励代理人采取行动（它实现了"激励相容"），是需要重点考虑的内容。私营部门的利润与自身能力有关，政府以奖励付款（为激励项目公司披露其真实成本而提供的补贴）的方式来处理逆向选择，处理存在的道德风险问题。

5.交易成本理论

科斯最早提出交易成本理论，他认为交易成本是获得准确市场信息所需要的费用。他认为交易成本理论的根本论点在于对厂商的本质加以解释。

Soliño等（2009）指出，在经济关系中，交易成本是所有阻碍交易规范执行的成本，是一种以组织或合同的形式进行交易的成本。

威廉姆森指出，交易成本用来理解不同形式的经济组织和合同安排，发展的交易成本理论强调基于信息不完全和不对称分布的条件创造或为个体交易选择治理结构，以减少合同风险。

之后威廉姆森形成了交易成本经济学相关理论，并将交易视为经济分析的基本单位，将所有交易还原成不完全契约，并在有限理性人和机会主义行为的假设基础上，按照资产专用性、交易不确定性和交易频率3个维度探讨不同交易成本的决定性因素。不同的交易类型和契约应与不同的治理结构相匹配，最优的治理结构能够最大限度地减少交易成本。交易成本经济学认为有限理性和不完全性使契约属性以及专用性资产准租，形成事后的机会主义行为和双边锁定，并要求采取治理措施。双方的专用性资产投入是事后形成剩余控制权的关键，事前的全竞争环境转变为事后的双边垄断环境，这就是资产专用性引起的双边锁定。由于预期到这样的变化，交易双方应将重点放在事后的契约适应性治理上。

威廉姆森还指出，交易成本存在于契约过程，分为事前和事后两部分，其机会主义行为相应地在信息学经济中被称为逆向选择和道德风险。其中，事前费用为签订契约、规定双方权利和责任所花的费用；事后费用则是为了解决契约本身存在的问题从改变条款到退出契约所花的费用。因此，交易成本是任务完成在替代治理结构情况下的比较成本。交易成本表现了协议和交易各个方面信息的不完善。

交易成本理论告诉我们，信息不对称是指交易的一方拥有另一方所不知道的信息，不完全信息使得合同当事人能够借助信息不对称进行机会主义操作，如信息不对称经常被用在隐瞒供应的真实成本或质量方面，通过更改规格来提高价格和利润；机会主义行为会导致逆向选择、道德危险，这增加了一方当事人利用合同条款对另一方不利的事后风险。此外，资产专用性和交易不确定性往往会导致机会主义问题。资产专用性是针对特定交易而言的，保证了市场的竞争性，而市场竞争不会抑制机会主义行为；交易不确定性是指与某一事件相关的事件的发生，如创新和技术，是不太可能预测的，不能事前解决，因此很难有一份有效的合同能够消除并防止潜在行为，这增加了交易成本。

PPP项目中委托人和代理人受制于有限理性，即本身预见和认知的局限性，使机会主义成为可能，而造成交易成本的主要就是机会主义。PPP模式的交易成本分布在项目准备、采购、合同管理、再谈判、绩效监督等多个环节，主要产生于项目长期不确定性、项目归属和融资结构以及风险分担配置方式等，其中，全生命周期内的高度不确定性是PPP模式存在高交易成本的根本原因。由于高昂的交易成本会减少收益、降低效率、提升准入门槛、减少竞争，因此要制定有效的治理机制来降低交易费用。

PPP招标上下文中的交易成本是指事前交易成本，包括公共部门和私营部门在项目招标过程中发生的技术咨询费用，以及组织招标过程、拟定建议书、会议谈判和评标的费用等。

因此，PPP被困在高交易成本风险的威胁及其可能实现的优势之间。

6.博弈论

对博弈论的研究始于Zermelo、Borel和von Neumann，von Neumann和

Morgenstern于1944年使之系统化和形式化，John Nash于1950年对其做出进一步研究。

博弈论是对参与者之间的战略关系、情况和互动进行建模和分析，以发现最有可能的结果或最好结果的一种方法。在实际应用中，有若干个利益冲突或关联的个体，他们被称为决策者或博弈参与者，他们能够自主地做出决策。博弈论就是通过将现实问题抽象成相应的数学模型，进而对个体的决策或行为进行分析、预测甚至干预。这些模型与复杂的现实情况相比，能比较清楚地诠释冲突与合作等实际的竞争局势或社会困境。目前，博弈论已经发展成为一门应用科学，广泛应用于公共政策、经济、法律、商业、计算机科学等方面。

在PPP项目中，既存在政府部门和私营部门的双方博弈，也存在政府部门、私营部门、金融财务机构、建筑承包商、咨询公司和公众等的多方博弈，政府和私人投资者之间公平的风险分配过程就可以看作努力达到最佳项目目标的博弈过程。博弈论是一种常见的在PPP项目中处理复杂问题的方法，在博弈论中经常使用数学模型来预测冲突与合作情境中参与方的行为。博弈论可以清晰地分析PPP项目中利益相关者的行为动态，促使参与者做出理性、谨慎的决策，为政策制定者提供可以有效实施PPP项目的理论基础，应对决策者之间的冲突、谈判等问题，帮助解释竞争与合作机制等。

（1）合作博弈和非合作博弈

合作博弈理论在解决多个参与方对项目进行合作成本和合作收益分配问题上做出了突出的贡献。在一般情况下，所有参与者的收益都被认为是一个已知的确定数值，但是现实中存在大量的不确定因素。如果所有参与方都要在所有不确定因素都确定以后才决定是否参与及确认收益如何分配，这是不切实际的。合作博弈指的是参与方相互合作来争取整个项目的最大利益，从而使个体利益最大化。合作博弈中的参与方既有合作又有竞争，但是竞争和合作在一定条件下是可以相互转化的。如果参与方在博弈前就已经有了强制性的协作约定，那么就是合作博弈。合作博弈的重点在于参与方如何协调及分享合作，主要讨论的是参与方合作的结果及最终收益的分配，强调的是参与方的集体主义行为，以及是否有具有约束力的协议来促成合作，重视最终利益分配的合理性，讲究集体合作和效益。

非合作博弈中各个参与方都追求自身利益的最大化，并根据他们对其他参与方的了解做出决定。基础设施建设PPP项目既不是严格的合作博弈也不是非合作博弈，因为PPP项目涉及长期合同的合作与竞争关系行为，可以同时发生，也可以交替发生。

（2）完全信息博弈与不完全信息博弈

完全信息博弈中有关其他参与方的类型、策略、收益和效用函数，所有参与者都是可以访问的。在不完全信息博弈中，可能没有关于竞争对手的完整信息。不完全信息博弈常出现在基础设施建设PPP项目合同的重新谈判中。

人们普遍认为，PPP项目的效率可能受到长期以来不对称信息的影响。PPP模式已在公共供给领域广泛应用，但由于成本超支、运营不佳等饱受争议，投资者逆向选择问题是导致其履约较差的主要原因之一。PPP项目投资者逆向选择问题主要发生在采购阶段，是指没有足够实力的投资者获得特许经营权的情况，这属于事前隐藏信息的行为。政府部门和投资者之间不同的利益诉求和信息不对称是导致逆向选择的根本原因。投资者逆向选择一旦发生，PPP项目将难以维持预期的建设和运营计划，进而导致项目彻底失败，甚至还可能导致PPP项目投资者市场发生"劣币驱逐良币"的情况，导致投资者质量下降，阻碍PPP模式的可持续发展。在PPP项目采购阶段，政府部门和投资者的策略选择相互依存、相互影响，这是双方博弈的过程。在此过程中，投资者对其自身效率和能力具有完全信息，但政府部门对此具有不完全信息，即投资者是享有信息优势的一方，政府部门是信息不对称的劣势方，只能根据投资者的报价和贝叶斯法则对投资者的能力做出"判断"。因此，该博弈过程实际是一个不完全信息动态博弈过程。

（3）同时博弈和序贯博弈

同时博弈是指所有参与方同时采取行动或者虽非同时采取行动但后一位参与方不知道前一位参与方采取了什么行动的情况。

序贯博弈，也称动态博弈，是指参与方的行动有先后顺序，且后一位参与方能够观察到前一位参与方行动的情况。对于序贯博弈，首先，必须建立秩序，基于之前的决定收集每个阶段的信息；其次，参与方必须根据博弈的"状态"做出决定；最后，在博弈的持续时间内选择策略。关于PPP协议的重新谈判，较早参与者的信息动作通常能为以后的参与者所用，在某种程度上，它可以被认为是交替报价问题。

中国的政府部门和私营部门在基础设施建设PPP项目中既不是有限理性的，也不是完全理性的，因此二者很难在这些项目开始时做出完美的决定。然而，二者都会持续学习，经常性地调整自身追求更高利益的策略。

7.外部性理论

外部性又称溢出效应、外部影响、外差效应或外部效应等，指一个人或一群人的行动或决策使另一个人或另一群人受损或受益的情况。外部性理论是理解集聚经济的基础，是城市经济学和新经济地理学的核心概念。

1890年，马歇尔在其《经济学原理》一书中首次提到"外部性"一词。西方经济学从市场流通的角度出发，认为外部性是一种难以通过市场手段来调整单个主体发生的某个经济行为对其他主体经济活动造成的正面（负面）影响的属性。从外部性影响程度看，它可以分为正外部性和负外部性。正外部性是指市场中的某一主体在推动商品流通时其他组织或社会不需要任何劳动就可以从中获得利益的现象。负外部性是指市场中的某一主体在推动商品流通时严重损害其他组织或社会的利益且未对此行为负责的现象。

外部性的主要特征首先为伴随性，其伴随经济活动主体的行为决策产生，在这个过程中，主体双方只考虑自己的情况，而不考虑对第三方的影响；其次为被动性，第三方作为经济活动的旁观者，只能被动地接受经济活动主体双方带来的影响；最后为非市场性，第三方或者其他群体遭受损失或者伤害时，无法通过市场手段或者运行机制妥善解决。外部性的存在导致实现社会福利最大化的条件发生改变，只有加入外部性因素，才能使社会的边际收益和边际成本相等。当不存在外部性时，只需要私人边际成本与社会边际成本相等即可实现市场有效率的资源配置，此时的私人最优量即社会最优量。然而，当出现外部性时，这一等式被打破，导致私人最优量和社会最优量出现差距，造成市场失灵、资源配置效率低下。

PPP模式因其显著的伙伴关系、利益共享、风险共担等优点，已经得到越来越广泛的应用。PPP项目作为一种特殊的公共产品，其外部性主要表现：项目前期阶段，项目的规划能够提高周边的土地价值；项目建设阶段，施工对周围环境产生负面影响，如噪声污染、灰尘污染等；项目运营阶段，会给城市带来良好的经济效益和社会效益等，但同时会改变城市布局，如轨道交通在提供方便的同时也给项目周边居民的生活带来一定程度的负面影响。PPP模式作为一种新的融资方式，具有很高的风险，因此社会资本因经营项目失败或受突发事件影响而最终退出项目的情况屡见不鲜。社会资本的退出对PPP项目的建设和运营影响深远，体现出很强的外部性。

8.失败学理论

失败学是一门管理学科，它以管理学为基础，以失败案例为重点，从事物中的不协调因素出发，研究失败发生的路径和源头，以便根据失败经验做出决策和预警，控制、避免失败，提高成功率。

根据国内外对失败学的研究，失败学有狭义和广义之分。狭义的失败学指对前人的失败经验进行总结和研究。广义的失败学指结合管理学、经济学、社会学等相关学科研究失败案例，分析失败原因。有学者将失败定义为人们不希望见到的结果。在对失败学的研究中，逆向思维是常用的和所提倡的思维模式。失败学是通过预估可能产生失败的结果，来倒推导致失败的原因，从而提前采取控制措施的一套理论方法。事物在发展过程中有很多与自身不协调的因素，这些不协调的因素引发了失败学研究。尽管失败的表现形式多种多样，失败的内在因素也千变万化，但失败也有很多共同点，失败也是有规律可循的。

长期以来，PPP项目失败的风险广泛存在。避讳失败的事实是不明智的，正确的做法是为应对潜在的风险做足准备，选择恰当、及时的处理方案。例如，可以逆向推导出可能导致失败的环节，采取控制措施；可以全员参与，及时发现潜在的风险，使潜在信息公开化，从而及时防范。

PPP模式是政府有效利用社会资源，对资源进行合理配置和整合的创新模式，我们必须加大对PPP项目的研究与探索。在PPP项目中引入失败学，能够为我国PPP模式更好的运行提供良好的理论基础。失败学就是从典型失败案例中总结失败规律，然后从技术、管理、经济、行为等层面对失败进行全面分析，找到项目失败的源头，从而建立失败预警机制。

2.2　全过程管理理论

2.2.1　项目全过程

PPP模式是公共部门和私营部门就提供公共服务所形成的长期安排，它与其他传统采购模式相比，流程更具动态性。许多组件（如文档、融资、税收、技术细节和子协议）和风险（如市场风险和项目风险）可能产生于这种长期关系，并且在PPP项目的整个生命周期中动态变化。因此，需要基于全生命周期对流程中的PPP项目进行评估，以"捕捉"出现的动态问题。同时，一个有效而全面的评价应包括项目的投入、过程、产出和结果。然而，PPP项目的评价趋于在施工阶段之后进行，强调投入（成本）、产出（时间和资产质量）和结果（经济和社会影响），忽略过程。

从根本上讲，PPP项目的过程可以分为3个阶段：启动和规划阶段（如可行性研究、定义产出和风险分担）；采购阶段（如投标、合同）；合作伙伴关系阶段（如设计、建设、运营和设施管理）。

PPP项目通常由政府部门进行可行性论证后，招标社会资本进行项目融资，由社会资本组建项目公司。这是由私人公司组成的财团实体，主要负责融资、设计、建设、运营等。项目公司是在系统程序中创建的，订立有建造合同，需要在一定的特许期内维护相应设施。特许期结束后，设施所有权转移到政府手中。在某些类型的PPP项目中，项目公司的收入或单项收费直接来自用户，在极少数情况下，政府直接支付租金给项目公司。PPP项目组织结构是由多个利益主体构成的复杂体系，在众多利益主体构成的关系形态中，项目公司为核心主体，其他主体围绕项目公司形成一种双务关系，如图2–1所示。

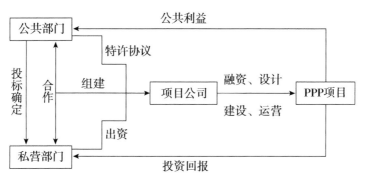

图2-1　PPP项目组织结构

以合同或协议内容为依据，不同主体之间形成了复杂、明确的协作关系。这种协作关系的和谐程度决定了项目的成败，只有多元主体有效协作，才能实现项目总体目标。因此，有效的关键利益相关者（如政府、项目发起人、私营部门、项目公司、建筑承包商、运营商、消费者、金融机构，公共部门、私营部门、金融机构、承包商、供应商、运营商、用户、公众、媒体，客户、设计师、建筑商、分包商和设施管理组织）之间的有效协调对项目的成功交付至关重要。

2.2.2　项目全过程运作内容

PPP项目是一种多层次、复杂的系统工程，私营部门在PPP项目运作的每一阶段和每一环节都要加强对项目的管控。

在项目准备阶段，私营部门要重点评估项目的可行性；在项目融资阶段，私营部门要重点考察项目公司的情况，主要包括资金状况、技术水平、资质资格、信用等级等，要综合各方面因素，合理制订融资方案；在项目建设阶段和项目运营阶段，私营部门要关注建设和运营的全过程，重点关注项目的建设和施工情况、投入成本变动情况、有关防范措施的执行情况等；在项目移交阶段，虽然一般来说这时私营部门贷款已经收回，但是私营部门仍然要重视项目参与方的贷款整体评估状况，以为其他项目提供借鉴。

PPP模式和传统模式相比有着更完整的阶段。项目准备阶段的主要工作内容包括项目发起、项目筛选、管理架构组建、实施方案编制、"物有所值"

评价及财政承受能力论证等；项目采购阶段的主要工作内容有资格预审、文件编制、谈判、合同签署等；项目融资阶段的主要工作内容有准备融资方案、合同及履约保函等；项目建设阶段的主要工作内容有设立项目公司、融资、绩效监测及中期评估等；项目运营阶段的主要工作内容有审批与项目建设、运营、维护相关的合同、文件等，以及处理项目产出绩效季/年报、项目产出说明，修订项目合同文件等；项目移交阶段的工作内容主要有移交准备、性能测试、资产交割及绩效评价等。

PPP项目各个阶段的具体运作步骤及内容如下：

1.项目准备阶段

项目发起一般有两种情况，一种是政府部门为了满足公众对基础设施的需求、推进经济发展而提出项目征集或遴选；另一种是社会资本针对政府提出的发展规划，结合公众需求及市场环境，向政府提交项目建议书。项目遴选不仅需要完成项目可行性报告，一方面是关于市场、经济、技术等的项目评价，另一方面是社会资本的民营化评价，还需要编制项目初步实施方案及项目产出说明。接着，组建管理架构，编制实施方案。最后，完成项目"物有所值"评价及财政承受能力论证。"物有所值"是一个组织动用所能汇集到的所有力量和资源获得的长期最大利益；财政承受能力论证是指对PPP项目的各项财政支出责任进行识别等，以及对项目实施给当年或者今后年度财政支出所造成的影响进行科学评估，为PPP项目财政管理提供依据。经过程序设计，项目准备阶段通过项目遴选可以提高PPP项目准备效率。与传统采购模式相比，PPP模式下，投资者基于经验和较强的利益驱动会自行完成项目分析，并对投资回报率有较为准确的预测，基本能够客观反映社会资本方的分析和见解。在政府发起的项目中，私营部门响应可以避免缺乏可行性的项目；在竞争性采购中，缺乏可行性的项目无法引起投资者的兴趣。另外，PPP模式也为私营部门主动发起项目提供了可能，不过，有些国家不允许民间自提项目，因为这类项目可能未纳入政府预算或政策框架，或是提案项目目标尚未被识别。

在项目准备阶段，PPP模式允许一些私营企业参与到项目当中，对此需要在该环节注意以下几点：①在PPP模式下，需要对各参与方的经济利益进行梳理，以此为基础均衡处理参与方利益，这需要筛选合适的管理方法（如全过程管理法）。②基于以往的经验，造价管理过程多倾向于估算处理，在此过程中，政府部门需要转变以往的管理理念，加快项目造价规范化管理速度，均衡政府和私企之间的管理关系，提升合作企业权益的均衡性。

2.项目采购阶段

这个过程可分为政府部门招标、私营部门投标、评标、谈判及合同签署、项目公司成立等步骤。政府部门作为项目特许权授予者，需要承担相应风险并提供政策保证。私营部门作为政府部门的合作方，是项目公司的重要组成部分。项目发起人由政府部门指定，作为项目的实际投资者和主要承办者，其负责将参与方联系起来，建立项目公司。项目公司为PPP项目的直接承办者。

政府部门在以下基础——保证基础设施服务提供的持续性，项目产品或服务价格适当，公平对待用户，满足环境保护、健康安全及质量标准，项目适应现在及将来国家经济发展状况，拥有应对未来条件变化的弹性等上，编制招标文件，发布招标公告，邀请有实力的私营企业参与投标。

私营部门在以下基础——具有完善的法律法规，保护私人投资，及时从公共部门获得建设和运营项目的同意或认可文件，可实施的协议，良好的冲突解决机制上，编制项目投标文件并完成投标。

由政府部门组成的评标专家，根据投标公司的经济实力、实施方案、技术水平、业务能力等综合评出中标人。

政府部门发布中标公示，制订谈判策略及具体的谈判工作计划，开展项目协议谈判，签署并确认谈判备忘录，根据谈判结果修改项目协议，签订PPP项目合同。

私营部门联合金融机构、咨询公司、保险机构等组建项目公司，完成项目的设计、建设、运营及维护等工作。

基于PPP模式，在招投标阶段开展应用控制时需要注意以下几点：①在PPP模式下，需要对招投标制度进行梳理，以增强制度内容的公正性，也需要以公开的方式面向私营部门，参考市场经济和定额之间的关系，完成经济利益的均衡处理，进一步提升招投标工作的可靠性。②在招投标阶段企业筛选工作中，需要拟订可靠的审查制度，细化招投标过程所需要考量的指标，对权重内容进行合理分配，进一步提升项目投资内容的合理性，确保项目投资结果的精准度。

传统采购模式基于投入的合同，政府部门更多考虑资金预算，而全生命周期成本和项目绩效管理不会被纳入项目前期计划和筛选过程，这就切断了项目支付和运行效率之间的联系。传统采购模式下，公共部门就任务模块分别与承包商签订合同，这意味着公共部门承担了项目全流程运作的衔接风险。PPP模式基于产出的合同，在合同中有明确的资金投入"按预算"（on budget）和建设时间"按时"（on time）的保障，私营部门做出的前期承诺能够增强预算的可预见性。PPP模式关注全生命周期的成本规划，由单一主体负责整合从设计、建设（改造或重建）、运营到维护的多个环节，以捆绑方式激励责任方，以最低成本和最高效率完成各个阶段的工作，良好的责任机制也是PPP项目绩效的保障。

3.项目融资阶段

在项目融资阶段主要有准备融资方案、合同及履约保函等工作。

项目执行主体负责项目投资、债务、筹资。作为PPP项目的主要出资人，金融机构包括商业银行、非银行金融机构、出口信贷机构，负责及时收回项目贷款本息。PPP模式环境下，投资方的数量较多，这提升了融资难度，因此需要针对市场价格变化情况及时调整管理策略，从而提升管理结果的可靠性。项目融资广泛应用于基础设施建设等领域，它以项目自身的营利能力和偿债能力为核心，通过参与方的协作，完成项目的投融资运作。由此可以看出，它的风险主要在于项目本身，因此需要通过各方的高效参与实现风险的合理分担，从而使项目顺利推进。与传统的政府采购模式不同，PPP模式下项目融资通常由政府与私营部门合作，政府引入私人投资者，它们共同开发和提供公共产品或服务。施工建设和项目融资密切相关，PPP项目融资是推动施工建设的重要保障。在项目实施中，除了要合理利用施工资源以及外部资源，还要根据现场情况进行利润计算，尽量降低成本，为企业增加效益。融资是PPP项目中最重要的一部分，涉及很多内容，比如金融、法律、财务等，完善融资管理机制能够保障项目顺利开展。

近些年来，PPP项目在全国范围内得到广泛开展，但此类项目仍处于发展阶段，相关部门对其缺乏全面的了解，这影响了PPP项目作用的发挥。在这种情况下，企业应积极扩展外部融资渠道，降低主观因素对PPP项目造成的不利影响。PPP项目建设周期较长，投入资金较大，同时伴随着诸多风险，这种情况加剧了融资难度。为了弥补以上不足之处，应运用有效的融资方式，确保各项问题得以解决。

4.项目建设阶段

项目公司根据与政府部门签订的特许权协议，应保证工程工期、质量、安全等，并且保证资金充足。项目公司可自行负责项目的建设工作，也可选择合格的承包商负责项目的建设。承包商作为项目股东之一，负责项目建设以及项目建设资金的及时收回工作。在项目公司取得施工许可证并进场施工时，PPP项目正式进入建设阶段。建设公司应具有丰富的建造经验，并按照合同约定的建设规划有序开展项目建设工作，保质保量地完成项目。

5.项目运营阶段

项目建设完成并通过验收后，PPP项目进入项目运营阶段。政府与项目实施机构在绩效监测等过程中应注意以下几点：

（1）对于项目合同中设定的政府支付义务，财政部门应结合中长期财政规划统筹考虑。

（2）定期监测项目产出绩效指标，编制手报和年报，并报财政部门备案。

（3）政府有支付义务的，应根据项目合同约定的产出说明，按照实际绩效直接支付或通知财政部门向社会资本或者项目公司及时足额支付。在运营期内，项目公司要按照协议对项目设施进行维护，保障运营的经济效果，不能随意抬高价格和超期限运营；政府部门有权对运营价格和质量进行监督。

6.项目移交阶段

特许期满以后，项目公司应当按照合同将项目的资产及经营管理权移交给政府。一般移交可分为有偿移交和无偿移交，合理的项目私营机构在特许经营期内在还清债务的基础上能够得到一定的利润，可以做到无偿移交，移交后政府可能给予私营机构一定的补偿。移交准备，即制订项目移交方案。资产交割时需准备好与资产交割相关的资料等。绩效评价，即给出绩效评价报告。政府部门需要按照特许权合同进行性能测试和资产评估，对项目进行性能测试时，对不符合标准的项目，项目公司应该重新维护。大多数情况下，项目公司在移交项目时能够收回投资成本并获得利润，但因为运营过程中不可控风险的存在，也可能出现项目公司无法收回成本的情况，这就需要政府部门考虑是否要对特许经营期限进行调整。

基于PPP模式的相关特点，项目移交阶段需要加强私营部门和公共部门之间的合作，做好利益的合理分配工作，这是提升风险管理效果的重要保障。在具体实践中，需要在前期准备过程中针对竣工时的利益分配展开分析，以有效减少经济纠纷。另外，在利益分配过程中，需要对参与方的经济利益进行梳理，以此为基础完成参与方利益的均衡处理，并持续优化权益管理内容，确保项目管理模式可持续发展。

2.3　项目风险管理理论

2.3.1　相关概念

1. 项目和项目管理

（1）项目

项目总是有具体的开始时间和结束时间，根据项目目标逐步实施，在完成目标时结束；项目因环境、实施方案等的不同而具有独特性；项目由几个具体的活动和有限的预算组成，它使用财力和人力，需要根据项目类型估计完工期；项目的实施是循序渐进的，需要明确项目工作明细结构等内容。

（2）项目管理

项目管理是运用管理技能、知识及工具等对整个项目过程进行管理，以避免风险并达到项目完工的全部要求（工期、质量、成本、安全、环保、收益等）。

2.风险和项目风险

（1）风险

不确定的事件或情况会对项目的目标产生负面或正面的影响。已被诊断和分析的风险是已知的，是可以管理的；另一些风险是未知的，它们不能被管理，但可以根据以往的经验通过一般应急预案来应对。风险是比较抽象的，我们的生活中存在各种各样的风险，风险的存在是不可避免的，我们不能完全消除风险，只能把风险降低到一定程度。

（2）项目风险

在项目管理中，风险是可能威胁到原本项目计划的潜在事件或者环境。项目风险其实就是能够对项目目标实现产生影响的因素。

3.风险管理和项目风险管理

（1）风险管理

在面对风险时，企业需要采用科学、有效的方法，用最小的成本获得最大的安全保障，这种管理活动便是风险管理。

风险管理起源于20世纪50年代的美国，最初的风险管理主要应用于保险行业。20世纪60年代以后，随着经济全球化，各行各业面临各种不确定的风险，风险管理逐渐变得系统化，并成为一门独立的学科，很多企业也设置了独立的风险管理部门。到了20世纪90年代，随着经济一体化程度的加深，企业采取孤立的方法无法管理相互依存的风险，必须建立全面综合的风险管理体系，由此全面风险管理理念应运而生，它将单纯的风险管理提升到为确保企业生存和发展而解决企业各种风险的战略高度。

风险管理主要是确定风险的类型、级别和具体的风险因素，并对其进行重要性排序，确定风险因素的发生概率以及影响程度，并确定应对措施等。

（2）项目风险管理

项目风险管理泛指运用各种有效的风险分析方法和管理手段，对项目建设和运营过程中的风险进行识别、分析和评估，在此基础上寻找出合理的风险控制策略，科学、有效地控制各种风险带来的不良后果，最终用较低的成本达成项目目标的过程。

项目风险管理的主要手段是识别和预防项目风险，在企业进行市场运营之前进行风险规避。从总体上来看，不管是在项目运营之前还是在项目运营过程之中，风险都存在，所以企业的项目风险管理是贯穿于项目的全生命周期的。企业的项目运营风险管理制度主要包含项目运营过程中的风险预判、风险规避和风险控制。

PPP项目虽具有巨大的优越性，但投资数额大、建设运营周期较长、资金周转回笼慢，因此面临巨大的管理风险。除一般风险的特点外，PPP项目风险还具有偶然性、阶段性、复杂性的特征。PPP项目风险贯穿于整个项目生命周期，是项目各执行阶段能否完成的不确定和不利因素。合理的风险管理对PPP项目的成功起着重要作用。PPP项目风险管理包括充分识别风险，综合判断公私双方应对风险的能力，按照"风险由最适宜的一方来承担"的原则分配风险，优化各方风险结构，使项目整体风险最小等工作。PPP项目风险识别就是采用科学、系统的方式来区分项目面临的风险并剖析风险发生的缘由。PPP项目风险管理主要是按照来源、风险类别、项目类型、项目所处阶段对风险进行分类，并依据不同的阶段和类别做好风险管理工作。

2.3.2　项目风险管理框架模型

汪忠等（2005）对风险管理的过程进行了分析，指出风险管理过程主要包括风险辨识、风险评估、风险测量、风险应对和风险监测等。

尹志军等（2002）从项目风险识别、分析与评估、实施、后评估及策略制订5个部分出发定义了风险管理的全过程。

国际标准化组织将风险管理全过程分为评估、处理和监控3部分。

本书的项目风险管理研究框架如图2-2所示。

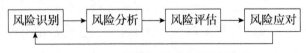

图2-2　本书项目风险管理研究框架

2.3.3　项目风险管理过程

项目风险管理的主要目的是将风险事件对项目产生的积极影响最大化，并将负面影响最小化，从而增加项目成功的机会。PPP项目在实际运行中涉及私营部门和政府部门，从实际情况来看，政府部门缺乏对PPP项目风险的有效管理，缺少专业的项目管理人员，这会对PPP项目产生影响，导致资金浪费，无法提高项目收益。在PPP项目实施前，私营部门与政府部门应对PPP项目情况展开全面的分析调查，并对极易出现的风险进行研究，制订出合理的防控措施。在这种情况下，政府部门还应履行自身职责，不断强化监督管理，不断健全监督管理制度，避免发生资金流失的情况。

1.风险识别

在项目风险管理中，首先需要进行风险识别，对项目整个流程进行梳理、归纳，找出可能发生的风险因素，构建相应的风险因素指标体系。如果风险识别出现问题，会增加项目失败的概率，因此要重视风险识别：在项目建设之前，进行完整的风险识别工作；在项目进行时，有效控制项目风险，对不同的项目风险因素进行归纳分类，保证在各个阶段都能够合理地控制项目风险。所有的项目都存在或大或小的风险，因此通过有效的方式识别风险是项目成功的关键，也是后续进行风险分析和防控的基础。

2.风险分析

风险分析主要是确定可能影响项目的风险类型及其特征参数，并定性或定量地估计风险因素在项目中的发生概率及影响程度，具体制订应对方案，并分析不同方案的成本、风险和收益。

最常见的风险分析是根据发生概率和影响程度进行的。

根据发生概率划分，有系统性风险、独立于实体控制的市场风险、与特定项目相关的风险及其他风险等。

根据影响程度划分，有：固定风险，涉及整个经济体系；可变风险，与固定企业相关的非固定风险等。

在PPP项目中，风险分析是在选择项目公司后的规划阶段进行的。在根据发生概率划分风险的风险分析过程中，政府部门和私营部门的专家会组成专家委员会，基于各方的需求，在代理部门的领导下，讨论并分析确定潜在的风险。在根据影响程度划分风险的风险分析过程中，主要有法律风险分析、财务风险分析、技术风险分析、市场风险分析、自然风险分析、外部风险分析等。

（1）定性分析

定性分析主要基于对项目风险发生概率及其影响程度的正确估计，确定应该进行哪些潜在影响因素分析。

（2）定量分析

定量分析是使用多种工具对风险进行评估和分类，包括对风险因素发生概率及其影响程度进行指示性评估，构建风险指数评估矩阵等。定量分析最好是在足够大且均匀、可靠的数据样本基础上确定风险发生概率，以及对风险后果进行评估。

定性分析和定量分析围绕风险及其后果估计展开。定量分析有助于高精度地确定满足最后项目期限或成本要求的概率，并在有风险的程序中设定项目趋势；定性分析勾勒出运营的"主心骨"。为了这些分析的安全性，以及为了得到最佳的研究结果，这些分析应该同时进行。

3.风险评估

风险评估是风险管理的核心工作，它基于风险识别展开对风险因素的全面复盘整理，从而得到项目风险的评估等级、风险造成的资金损失等情况。在风险评估过程中，采用定性分析和定量分析相结合的方式进行专门研究，既可以减少定性分析中的主观成分，又能扩大风险识别范围。在建立风险评估模型之后，便可以对项目整体情况有大致的了解了，有助于掌握项目不同风险因素影响权重。风险评估主要是列出项目中可能存在的风险，确定风险产生的原因，对风险因素指标做出定义，根据设计概念解释PPP项目及识别出的风险可能产生的影响，构建项目风险因素指标体系。基于客观或主观的判断，根据风险发生概率和影响程度衡量风险，然后根据评估结果对风险因素进行排序，并将其作为评估数据，对整个项目风险水平进行评估，最终得出项目风险水平等级。

4.风险应对

在识别、分析、评估项目中的不同风险因素后，需要使用各种手段来管理风险因素，最大化降低风险的负面影响，并直接降低风险的发生概率。在PPP项目中，风险应对方法主要包括风险规避、风险转移、风险缓解、风险承受及风险分担。

（1）风险规避

风险规避即通过预测风险拒绝业务活动或是在风险发生之前中断风险源，从而使项目免受风险影响，比如在项目中使用某个方案可能会带来更多的风险，就可以使用其他方案以有效规避风险。

（2）风险转移

风险转移是指以切实可行的途径将风险转移给另一个经济实体。项目公司拥有接受风险与否的选择权，例如，可以通过购买保险将相对应的风险转移至保险公司。

（3）风险缓解

风险缓解是通过降低风险事件的发生概率和预期损害程度来降低风险，减轻或降低承担某一特定风险的后果，至可接受的水平。可以从计划期和项目活动的各个阶段引入风险缓解策略，以降低总体风险。

（4）风险承受

风险承受是指面临风险不更改项目计划，或管理层无法诊断风险、采用任何其他策略的情况。可以通过以下方法来主动承受风险：增加人员数量，改变项目位置，为采取关键行动创造缓冲时间或创造资本储备等。

（5）风险分担

风险分担是项目双方共同承担风险的情况。风险分担通常基于双赢的条件，并基于双方的契约精神。如果风险分担成本远高于风险带来的损失，则可以拒绝承担风险；如果该风险没有办法通过其他方式解决，则只能选择共同分担风险。合理的风险分担策略可以将项目风险水平降到最低。

风险因素	文献引用																		频数（次）
	[10]	[17]	[80]	[93]	[59]	[63]	[95]	[34]	[30]	[52]	[48]	[39]	[103]	[143]	[118]	[100]	[139]	[108]	
招标竞争不充分风险							*	*	*	*									4
投标竞争不充分风险								*	*				*			*	*	*	6
类似项目竞争风险					*	*		*						*				*	5
融资困难风险	*	*	*		*	*			*	*	*				*		*		10
项目对投资者的吸引性不足风险					*			*				*		*	*			*	6
融资能力不足风险								*				*						*	3
融资成本高风险								*	*										2
设计不当及变更风险	*			*	*	*		*	*			*		*	*	*	*	*	12
财务风险	*				*					*	*			*					5
工程管理能力不足风险	*		*					*	*	*	*					*			7
土地拆迁及补偿风险			*	*	*	*													4
施工工期延误风险	*	*	*	*	*	*	*	*	*	*	*	*	*	*	*		*	*	17
工程质量风险	*	*	*	*	*	*	*	*	*	*	*	*			*	*		*	15
施工安全风险	*	*		*	*	*	*	*		*		*			*	*		*	12
环保风险	*						*	*							*				4
施工技术风险	*		*	*	*			*	*	*		*		*			*	*	11
工程成本超支风险			*	*				*	*	*	*	*	*	*	*	*	*	*	13
地质条件限制风险	*				*			*	*									*	5

风险因素	文献引用																		频数（次）
	[10]	[17]	[80]	[93]	[59]	[63]	[95]	[34]	[30]	[52]	[48]	[39]	[103]	[143]	[118]	[100]	[139]	[108]	
气候条件风险						*		*	*									*	4
现场数据风险								*	*										2
不可抗力风险	*		*	*	*			*											5
劳资材料获取风险	*					*		*	*	*			*	*		*		*	9
配套设备服务提供不足风险	*					*							*			*			4
组织协调沟通风险	*							*											2
运营维护成本增加风险	*	*	*	*	*	*	*	*	*	*	*	*	*	*	*		*	*	17
运营维护效率低下风险								*				*			*			*	4
运营维护管理能力不足风险			*			*		*			*								4
运营维护质量风险	*			*		*				*				*			*		6
运营维护安全风险	*			*															2
项目唯一性风险	*		*					*	*	*									5
市场需求变化风险	*		*		*	*	*	*	*	*	*			*	*		*	*	13
市场价格变化风险	*							*	*	*								*	5
残值风险	*							*	*				*		*				5
维修成本超支风险								*	*						*	*		*	5
技术设备不达标风险	*	*			*		*	*											5

续表

风险因素	文献引用																		频数（次）
	[10]	[17]	[80]	[93]	[59]	[63]	[95]	[34]	[30]	[52]	[48]	[39]	[103]	[143]	[118]	[100]	[139]	[108]	
资产移交不合规风险	*	*		*	*		*	*											6
项目产权、设施所有权风险				*	*										*				3
提前终止风险、移交失败风险					*		*								*				3
政府信用风险	*	*	*	*	*		*		*			*	*	*	*	*	*	*	14
法律、政策变动风险	*		*	*			*	*			*	*	*	*	*	*	*	*	13
公众反对风险	*		*				*	*				*	*	*	*	*	*	*	11
汇率、利率变动风险	*		*	*							*	*	*	*	*	*	*	*	11
通货膨胀风险	*	*		*								*	*	*	*	*	*	*	10

3.1.2　基于国家政策的风险识别

PPP模式广泛应用于国内外各类公共基础设施项目，我国PPP模式的发展晚于国外。近年来，为了促进PPP项目的快速发展，我国出台了诸多关于公私合作伙伴关系的政策，在财政、合同、项目操作等方面对各参与方做出指导与约束，以防止项目实施过程中发生意外事故或各参与方产生纠纷，进而导致项目失败。如表3-2所示，本节通过对国家政策进行分析，识别出PPP项目时常发生的重大风险，以保证风险清单的科学性和合理性。

表3-2　　　　　　　　　　　国家政策分析

政策	相关内容及风险因素
最高审计机关国际准则专项审计指南（ISSAI 5240）—《公私合作伙伴关系（PPP）风险审计最佳实务指南》	主要内容为是否明确了合作的主要目标、是否商定了恰当的合作方式、是否保护政府作为小股东的收益、是否监督政府在合作中的收益、在遇到问题时政府所面临的风险等。主要涉及的风险因素有项目唯一性风险、市场变化风险等

政策	相关内容及风险因素
《财政部关于推广运用政府和社会资本合作模式有关问题的通知》（财金〔2014〕76号）	主要涉及充分认识推广运用PPP模式的重要意义、积极稳妥做好项目示范工作、切实有效履行财政管理职能、加强组织和能力建设几个方面，其中指出，重要的风险因素有收费定价调整机制风险，项目设计建设、财务、运营维护等风险等
《政府和社会资本合作项目财政承受能力论证指引》	PPP项目财政承受能力论证主要涉及责任识别、支出测算、能力评估、信息披露几个步骤，主要涉及的风险因素有财务风险、政府信用风险、市场变化风险等
《政府和社会资本合作模式操作指南（试行）》	根据项目全生命周期对项目识别、项目准备、项目采购、项目执行、项目移交5个阶段做出规范，主要涉及的重大风险因素有财务风险、配套设备服务提供不足风险、市场变化风险等
《政府和社会资本合作项目通用合同指南》（2014年版）	内容比较全面，涉及项目的投融资至项目的移交等，主要有合同主体、不可抗力和法律变动、合同解除以及违约和争议处理等相关内容，其中重点涉及合同文件冲突、不完备风险，财务风险，政府信用风险，配套设备服务提供不足风险，法律、政策变动风险等

3.1.3　基于案例分析法的风险识别

实际应用中，PPP模式发展的各个阶段均存在不同程度的问题，严重的甚至会直接导致项目失败。分析各项目失败的原因，识别出项目的潜在风险因素，总结风险管理经验教训，能为后续PPP项目积累经验，做到风险因素早识别、早控制。本节选取了多个国外典型PPP项目失败案例，分析其失败原因，从中提取风险因素，所选案例的名称和风险因素如表3-3所示。

表3-3　　　　国外典型PPP项目失败案例问题分析

编号	项目类型	项目名称	风险因素
1	桥梁、公路、隧道	美国加州91号快速路项目	项目唯一性风险
2		墨西哥高速公路项目	收益不足风险

编号	项目类型	项目名称	风险因素
3	供电、发电	印度大博电厂项目	政府信用风险
4		澳大利亚电力项目	公众反对风险
5	公用设施	土耳其公用设施项目	公众反对风险
6	其他	墨西哥国家电信项目	公众反对风险
7		哥伦比亚机场项目	收益不足风险

收集PPP项目失败案例，厘清项目失败的原因和关键风险因素，可以为今后PPP项目建设提供经验教训。

（1）合同文件冲突、不完备风险

合同中存在的模糊条款和争议，如风险分担问题、责任分配问题等，会给项目实施带来阻碍，合同体系、风险框架等内容存在极大问题，会影响项目后续工作的展开。

（2）市场收益不足风险

PPP项目收费水平与市场水平不一致，弹性较差，项目营利渠道变窄，会导致项目收益不足。市场收益不足风险在哥伦比亚机场项目、墨西哥高速公路项目等中均有体现。

（3）项目唯一性风险

项目出现竞争单位，会使项目收益难以达到预期。例如，美国加州91号快速路项目与政府签订了非竞争性条款，但由于当地经济发展较快，交通流量剧增，政府迫于民众压力与媒体舆论违约新建车道，使项目出现唯一性风险，等等。

（4）法律、政策变动风险

原法律有不合理的地方或政府宏观调控引起法律、政策变动，会导致项目利益受损。

（5）政府信用风险

政府信用风险，指政府官员换届或其他政策性问题，致使与本届政府签订的合同在下一届政府得不到很好的贯彻和执行，甚至中止，从而阻碍项目建设和运营的情况。印度大博电厂项目前期与电力局签订了由政府提供反担保的协议，然而，在经济下滑期间，政府无力支付高额费用，且拒绝提供反担保，导致项目陷入停顿状态。

（6）公众反对风险

公众利益受损会使社会公众反对项目，可能致使项目中止。

例如，澳大利亚电力项目、土耳其公用设施项目、墨西哥国家电信项目等均遭到公众反对，造成了项目的严重损失。

3.2　风险识别过程

3.2.1　基于德尔菲法的风险识别

德尔菲法本质上是一种反馈匿名函询法，大致流程是邀请若干专家，征求其对所要预测问题的意见，归纳整理后将结果反馈给专家，再次咨询专家意见，再整理反馈，直至诸位专家意见一致。德尔菲法是一个征求—统计—反馈不断循环的过程，这个过程的长短取决于意见统计结果是否统一。目前，该方法的应用已经非常广泛，尤其是在社会评论以及技术预见方面。

德尔菲法有以下几个主要特点：

（1）专业性

该方法要成立专家小组，邀请相关领域的权威专家进行分析，而不是像其他方法一样以大量的数据来支撑结论。所邀请的专家应专业知识深厚、经验充足，以保证调查结果的专业性。

（2）匿名性

所有参与的专家都以匿名的方式提出自己的意见和建议，直至达成共识。

（3）循环性

该方法需经过多次循环才能将开始时诸位专家分散的意见统一成共识，在这一过程中，每一次循环都要对收集的问卷进行统计。这也是该方法最主要的特点。

该方法正是由于以上特点，才能从诸多判断、预测方法中脱颖而出。此外，德尔菲法操作简单，便于应用。由于该方法采用匿名的形式，因此避免了随声附和或者与其他人冲突等事件的发生。

利用德尔菲法识别PPP项目建设过程中的风险，并具有针对性地分析风险的特点及类型，可以发现，PPP项目的风险主要体现在以下几个方面：

（1）法律风险

在PPP项目实施过程中，可能出现法律变动等问题。

（2）政策风险

在施工过程中可能出现税收等宏观经济政策风险。

（3）运营风险

这体现在社会资本能力变化、市场需求改变等方面。

（4）实施风险

在项目施工过程中可能遇到技术风险、设计误差风险等。

（5）不可抗力风险

在施工过程中，可能出现恶劣天气、地质灾害等。

（6）金融风险

PPP项目建设周期较长，其间可能出现通货膨胀等情况。

采用德尔菲法进行项目风险分析的步骤：

（1）成立专家小组。根据所研究的目标和内容，确定相关领域的专家人选。专家人数一般不超过20人，具体的人数主要根据研究项目所涉及的知识范围确定。

（2）向各位专家介绍该项目的背景、要评定的风险以及与之有关的要求，并将相关调查问卷发放给各位专家。

（3）各位专家根据所收到的调查问卷、项目的研究背景，以及自己的专业知识和相关研究，提出意见并打分。

（4）收集各位专家的意见打分表，整理成图表后再发放给各位专家，让专家将自己的意见与其他专家的意见进行对比，并在此基础上对自己之前的意见进行修改，然后提交修改后的意见。

（5）第二次收集各位专家的意见，做成图表后再次发放给各位专家，专家再根据新的图表对自己的意见进行修改。重复以上过程，直至各位专家意见一致。

（6）对最后达成的一致意见进行处理，得到该项目的风险度值。

这里的风险度值是指该风险对项目的影响程度，风险度值越高则风险越大，反之则风险越小。

使用德尔菲法对文献研究法和案例分析法确定的城市基础设施建设PPP项目的风险因素清单进行分类及修正，可以使整个项目风险因素指标体系更加准确、完整。本次调查主要邀请了PPP项目领域的研究者、政府或私营部门管理人员、在PPP项目建设和基础设施建设方面拥有丰富经验的项目负责人，共11位专家，请他们根据研究资料及自身经验对表3-1所示的风险因素清单进行判断并给出意见，经过两轮的探讨、调整，各位专家的修改意见如表3-4所示。

表3-4　　　　　　　　　　修改意见

需要修改因素	第一轮频率（%）	第一轮修改意见汇总	第二轮频率（%）	最终结果
可行性风险	45.45	可以删除	45.45	删除
私营投资者、特许经营者变动风险	9.09	可以删除	0	未删除
权利、责任分配不明确风险	9.09	可以删除	18.18	删除
类似项目竞争风险	18.18	可以删除	18.18	删除
融资能力不足风险	45.45	可以删除	54.54	删除
融资成本高风险	45.45	可以删除	45.45	删除
地质条件限制风险、气候条件风险	45.45	可以合并为气候、地质条件限制风险	54.54	合并
现场数据风险	45.45	可以删除	45.45	删除
组织协调沟通风险	9.09	可以删除	0	未删除
政府监管不足风险	18.18	应该增加	27.07	增加

续表

需要修改因素	第一轮频率 （%）	第一轮修改意见汇总	第二轮频率 （%）	最终结果
运营维护质量风险	18.18	可以删除	27.07	删除
运营维护安全风险	27.07	可以删除	45.45	删除
项目产权、设施所有权风险	45.45	可以删除	45.45	删除
提前终止风险、移交失败风险	45.45	可以删除	54.54	删除

3.2.2　关键风险因素

城市基础设施建设PPP项目风险具有多样性、复杂性、阶段性及动态性等特点，且在整个PPP项目过程存在众多风险因素。风险分类作为风险识别的一个有机组成部分，影响着项目风险管控及风险分配结果。本节根据PPP模式相关理论等将PPP项目视为一个动态的过程，并将PPP项目全过程大致分为准备、采购、融资、建设、运营、移交6个阶段。由于政府信用风险，法律、政策变动风险，公众反对风险，汇率、利率变动风险，以及通货膨胀风险存在于全过程，因此这里单列1个贯穿全过程风险。最终，根据文献研究法、案例分析法及德尔菲法的分析结果，可以确定7个一级分类指标和39个二级风险因素指标，具体的分类结果和风险因素指标释义见附录B。

3.3　风险因素指标体系的构建

本书使用文献研究法确定了城市基础设施建设PPP项目存在的风险因素，在案例分析法的基础上采用德尔菲法按PPP项目全过程将风险因素划分为7类，在专家修改意见的基础上，对文献研究法和案例分析法确定的风险因素进行处理，最终确定了39项风险因素指标，得到7类39项风险因素指标体系，如表3-5所示。

表3-5　　　　　　　　　　　　风险因素指标体系

目标层	一级指标	二级指标
A 风险因素指标体系	B1 准备阶段风险	C1 项目设计经验不足风险，C2 项目审批延误风险，C3 设计用地获批使用风险
	B2 采购阶段风险	C4 合同文件冲突、不完备风险，C5 私营投资者、特许经营者变动风险，C6 第三方（分包商、供应商）违约或延误风险，C7 招标竞争不充分风险，C8 投标竞争不充分风险
	B3 融资阶段风险	C9 融资困难风险，C10 项目对投资者的吸引性不足风险
	B4 建设阶段风险	C11 设计不当及变更风险，C12 财务风险，C13 工程管理能力不足风险，C14 土地拆迁及补偿风险，C15 施工工期延误风险，C16 工程质量风险，C17 施工安全风险，C18 环保风险，C19 施工技术风险，C20 工程成本超支风险，C21 气候、地质条件限制风险，C22 不可抗力风险，C23 劳、资、材料供应风险，C24 配套设备服务提供不足风险，C25 组织协调沟通风险，C26 政府监管不足风险
	B5 运营阶段风险	C27 运营、维护、管理能力不善风险，C28 项目唯一性风险，C29 市场变化风险，C30 市场收益不足风险
	B6 移交阶段风险	C31 残值风险，C32 维修成本超支风险，C33 技术设备不达标风险，C34 移交资产不合规风险
	B7 贯穿全过程风险	C35 政府信用风险，C36 法律、政策变动风险，C37 公众反对风险，C38 通货膨胀风险，C39 汇率、利率变动风险

4 基础设施建设PPP项目风险分析

基础设施建设PPP项目风险分析步骤：

（1）确定风险因素的发生概率

以前文构建的风险因素指标体系为分析对象，选用典型的失败案例进行分析，对风险因素发生的频次进行统计，进而得出风险因素的发生概率。

（2）计算风险因素指标权重

采用问卷调查的方式，邀请专家对风险因素的重要性进行打分，并归一化处理所得到的风险因素指标权重。

（3）风险因素综合评分

对风险因素的发生概率及指标权重进行加权处理，得到风险因素的综合评分，并以此作为项目风险因素的评价数据。

4.1 确定风险因素的发生概率

4.1.1 频次分析法

频次分析法是失败案例调查分析常用的风险因素统计方法，风险因素出现的频次体现了其在失败案例中的发生概率，该概率体现了项目中风险因素发生可能性的大小。

使用频次分析法分析具体失败案例中风险因素的发生概率，从客观上保证了数据的真实性，较全面地反映出评价对象即风险因素指标的特性，保证了评价过程的准确性，这既可以克服专家打分的主观性，又可以克服使用主观指标所带来的数据获取困难。

4.1.2 概率

本节所用失败案例均选自财政部政府和社会资本合作中心、原国家环境保护部、中国政府采购网等PPP项目相关主流网站，部分基础设施建设PPP项目失败案例见附录A。以风险因素指标体系为标准，对各失败案例风险因素发生的频次进行统计，并把最终频次统计结果归为12个失败案例组，每个失败案例组包含10个失败项目，共计120个失败项目案例，可得到失败案例统计分析基础数据表，如表4-1所示。通过该表可以获得各个项目风险因素的发生概率，增进对项目失败原因的认识。

表4-1　　　　　　　　失败案例统计分析基础数据表

指标	1	2	3	4	5	6	7	8	9	10	11	12	总和	概率（%）
C1	5	4	3	3	2	10	3	1	3	5	4	3	46	38.33
C2	7	5	3	3	2	9	9	10	6	5	5	6	70	58.33
C3	5	7	2	4	2	1	6	2	2	2	4	2	39	32.50
C4	5	5	5	5	2	7	9	6	4	4	5	3	60	50.00
C5	3	3	2	2	2	2	3	0	1	2	3	0	23	19.17
C6	4	4	2	2	2	3	6	2	1	1	4	2	33	27.50
C7	4	2	2	2	2	4	3	1	1	2	4	0	27	22.50
C8	3	5	2	2	2	1	2	1	2	2	4	1	27	22.50
C9	8	9	5	2	3	2	7	3	3	4	5	5	56	46.67
C10	3	5	2	2	2	2	1	1	2	2	4	2	28	23.33
C11	7	7	4	3	2	2	7	1	2	2	4	5	46	38.33
C12	3	4	2	2	2	4	7	4	1	2	4	5	40	33.33
C13	5	4	2	2	2	5	9	7	5	4	5	8	58	48.33
C14	4	1	3	4	2	4	0	1	2	2	3	1	27	22.50
C15	10	9	2	2	2	2	8	5	3	5	5	7	60	50.00
C16	10	8	3	4	2	2	8	5	2	5	4	7	59	49.17
C17	8	6	3	3	2	0	5	1	1	3	3	5	40	33.33
C18	3	3	3	3	2	3	9	5	2	4	5	2	42	35.00

指标	1	2	3	4	5	6	7	8	9	10	11	12	总和	概率（%）
C19	6	8	3	2	2	5	8	4	1	3	4	7	53	44.17
C20	7	9	4	2	2	5	7	4	4	4	5	8	61	50.83
C21	5	2	2	3	2	1	3	2	1	2	4	1	28	23.33
C22	6	1	3	4	2	3	6	2	1	1	5	2	36	30.00
C23	5	7	3	3	2	4	5	1	1	2	6	2	41	34.17
C24	3	3	5	5	2	1	1	1	1	2	4	1	29	24.17
C25	4	3	2	2	2	7	9	4	1	4	8	1	47	39.17
C26	6	1	9	6	3	0	3	3	1	4	8	5	49	40.83
C27	4	2	6	4	2	2	7	4	1	2	6	4	44	36.67
C28	7	8	6	4	4	4	10	2	3	5	9	5	67	55.83
C29	4	1	2	2	2	8	7	3	4	3	7	4	47	39.17
C30	10	8	2	2	2	6	8	10	7	5	9	5	76	63.33
C31	4	3	2	2	2	4	0	0	1	2	3	1	24	20.00
C32	3	4	2	2	2	0	2	1	1	2	3	1	23	19.17
C33	5	3	2	2	6	7	5	4	2	2	6	2	46	38.33
C34	3	1	3	3	2	3	7	0	3	2	6	3	36	30.00
C35	7	9	5	3	2	9	10	8	7	5	9	5	79	65.83
C36	6	8	2	2	2	9	10	10	7	5	9	5	77	64.17
C37	8	9	5	2	3	4	7	0	2	4	8	3	55	45.83
C38	5	4	3	3	2	3	6	1	2	1	5	4	39	32.50
C39	5	2	2	2	2	6	6	2	1	1	5	5	39	32.50

注：上表中，行所代表的为12个失败案例组，列所代表的为风险因素指标体系，即对失败原因的解释说明。以第2行第2列中的数字"5"为例说明指标统计方法：对失败案例组1的10个失败案例进行分析，若其中涉及与C1项目设计经验不足风险相同的失败原因，就对C1项加"1"，统计中，C1项失败原因共出现5次，所以第2行第2列计频次为"5"。最后求各风险因素在失败案例中发生的总次数，并求得相应的发生概率。此方法即频次分析法。

4.2 确定风险因素的影响程度

4.2.1 问卷调查法

1.问卷设计及回收

在文献研究法的基础上根据大量的案例，结合PPP项目在国内应用的特点，进行问卷设计。

问卷分为以下3个部分：

第一部分为受访者的背景信息，这是为获得参与者的个人信息而设计的，主要包括个人工作性质、所在单位性质、从事PPP工作或研究的年限，以及参与过的基础设施建设PPP项目类别。

第二部分为研究的背景资料，即基础设施建设PPP项目全过程的39项风险因素指标体系及其释义。

第三部分参照风险评估矩阵，让专家对39项风险因素的重要性打分，即评价基础设施建设PPP项目全过程的主要风险，并对风险因素等级进行评估。以李克特五级量表为标尺，测量风险因素的发生概率和影响程度（1＝低，2＝较低，3＝一般，4＝较高，5＝高），具体的基础设施建设PPP项目全过程风险因素重要性调查问卷见附录B。

考虑到问卷参与人员的专业和资格标准，特向以下3类人员发放问卷：①专家；②管理人员，即政府部门、社会资本等相关管理人员；③实操人员，即在PPP项目、政府或私营机构的基础设施建设方面拥有丰富经验，已参与至少3项PPP项目，对PPP项目中的风险管理有深入了解的人员。

本研究发放问卷189份，回收154份，剔除重复、遗漏等数据，补缺失数据，其中有效问卷125份，有效问卷回收率约81.17%。在对问卷进行回收并分类处理后，发现其中专家所占比例较高，为48.8%；实操人员所占比例次之，为33.6%；管理人员所占比例最低，为17.6%。专家、实操人员及管理人员所占比例大致为5：3：2，本次问卷调查的样本具有较强的代表性。问卷调查中专家背景资料如表4-2所示。

表4-2 问卷调查中专家背景资料

（1）个人工作性质

工作性质	专家	实操人员	管理人员
人数（人）	61	42	22
百分比（%）	48.8	33.6	17.6

（2）所在单位性质

单位性质	科研机构	政府部门	国有企业	私有企业
人数（人）	56	15	25	29
百分比（%）	44.8	12	20	23.2

（3）从事PPP工作或研究的年限

工作或研究年限	5年及5年以下	6~10年	11~15年	15年以上
人数（人）	45	36	25	19
百分比（%）	36	28.8	20	15.2

（4）参与过的基础设施建设PPP项目类别

项目类别	供水供暖	污水处理	垃圾处理	地下综合管廊	公路铁路	机场	城市轨道交通	其他
人数（人）	9	22	26	6	15	7	28	12

2.问卷的科学性检验

（1）信度分析

采用Cronbach's Alpha系数测度问卷的信度，SPSS 22.0计算出Cronbach's Alpha系数为0.873（＞0.7），表明此次问卷调查具有很好的信度。可靠性统计量如表4-3所示。

表4-3 可靠性统计量

Cronbach's Alpha	基于标准化项的Cronbach's Alpha	项数（项）
0.873	0.875	39

（2）效度分析

对数据计算KMO值并进行Bartlett球形检验，可知问卷总体KMO值为

0.842（＞0.7），表明各变量的相关性很强，变量的结构效度较好。KMO检验和Bartlett球形检验结果如表4-4所示。

表4-4　　　　　　　　　　KMO检验和Bartlett球形检验结果

KMO取样适切性量数		0.842
Bartlett球形检验	上次读取的卡方值	3001.636
	自由度	465
	显著性	0.000

4.2.2　指标权重

问卷调查法是用于检查不同风险因素相对重要性的有效工具。本节借助问卷调查法为已识别的风险因素确定评估标准并收集数据。诸位专家被要求给出风险因素指标体系中39项风险因素重要性判断，然后采用平均分排序法计算相对得分。针对调查问卷的结果，本节取所有有效问卷中专家打分的平均分作为风险因素的重要性影响程度，对其进行归一化处理，得到指标权重，所得结果如表4-5所示。

表4-5　　　　　　　　　　风险因素等级评估

风险因素	风险因素发生概率		风险因素影响程度		风险因素等级		指标权重
	得分	排名	平均分	排名	得分	排名	
C1	38.33	17	4.43	1	0.0273	9	0.0326
C2	58.33	4	3.50	13	0.0317	3	0.0289
C3	32.50	25	2.88	22	0.0219	21	0.0248
C4	50.00	7	3.37	16	0.0277	6	0.0258
C5	19.17	38	3.10	17	0.0133	38	0.0155
C6	27.50	30	3.93	7	0.0218	22	0.0291
C7	22.50	34	2.31	35	0.0143	36	0.0152
C8	22.50	35	3.38	15	0.0165	34	0.0203
C9	46.67	11	4.07	3	0.0276	7	0.0275
C10	23.33	32	2.05	38	0.0176	32	0.0224

风险因素	风险因素发生概率		风险因素影响程度		风险因素等级		指标权重
	得分	排名	平均分	排名	得分	排名	
C11	38.33	18	4.07	4	0.0246	12	0.0266
C12	33.33	23	3.59	11	0.0243	14	0.0298
C13	48.33	10	3.42	14	0.0223	19	0.0173
C14	22.50	36	2.07	37	0.0184	30	0.0252
C15	50.00	8	2.93	21	0.0280	5	0.0264
C16	49.17	9	2.83	23	0.0224	17	0.0172
C17	33.33	24	2.98	20	0.0222	20	0.0249
C18	35.00	21	3.58	12	0.0250	11	0.0300
C19	44.17	13	3.73	10	0.0275	8	0.0287
C20	50.83	6	3.00	19	0.0273	10	0.0246
C21	23.33	33	1.84	39	0.0174	33	0.0219
C22	30.00	28	2.31	34	0.0196	26	0.0216
C23	34.17	22	2.83	24	0.0186	29	0.0171
C24	24.17	31	2.82	25	0.0139	37	0.0135
C25	39.17	15	3.05	18	0.0227	15	0.0221
C26	40.83	14	2.45	30	0.0192	28	0.0151
C27	36.67	20	2.54	29	0.0223	18	0.0228
C28	55.83	5	3.93	8	0.0245	13	0.0180
C29	39.17	16	3.90	9	0.0209	23	0.0187
C30	63.33	3	2.74	27	0.0315	4	0.0264
C31	20.00	37	2.09	36	0.0159	35	0.0212
C32	19.17	39	2.55	28	0.0133	39	0.0154
C33	38.33	19	2.32	33	0.0197	25	0.0170
C34	30.00	29	2.34	32	0.0193	27	0.0208
C35	65.83	1	4.20	2	0.0337	2	0.0289
C36	64.17	2	3.94	6	0.0344	1	0.0309
C37	45.83	12	4.05	5	0.0226	16	0.0188
C38	32.50	27	2.35	31	0.0181	31	0.0170
C39	32.50	26	2.76	26	0.0201	24	0.0208

4.3 风险因素综合评分

由于用频次分析法确定的风险因素发生概率和用问卷调查法判定的风险因素影响程度平均值量纲不一致，因此首先对其进行归一化处理，其次计算出风险因素等级水平的量化值，最后根据最终的量化值对它们进行降序排名。风险因素等级评估如表4-5所示。

从表4-5可以看出：

（1）风险因素发生概率前10

C35政府信用风险，C36法律、政策变动风险，C30市场收益不足风险，C2项目审批延误风险，C28项目唯一性风险，C20工程成本超支风险，C4合同文件冲突、不完备风险，C15施工工期延误风险，C16工程质量风险，C13工程管理能力不足风险。

（2）风险因素影响程度前10

C1项目设计经验不足风险，C35政府信用风险，C9融资困难风险，C11设计不当及变更风险，C37公众反对风险，C36法律、政策变动风险，C6第三方（分包商、供应商）延误或违约风险，C28项目唯一性风险，C29市场需求变化风险，C19施工技术风险。

（3）风险因素等级排名前10

C36法律、政策变动风险，C35政府信用风险，C2项目审批延误风险，C30市场收益不足风险，C15施工工期延误风险，C4合同文件冲突、不完备风险，C9融资困难风险，C19施工技术风险，C1项目设计经验不足风险，C20工程成本超支风险。

在确定39项风险因素发生概率和影响程度量化值的基础上，构建风险因素评估矩阵，以风险因素影响程度为横轴，以其发生概率为纵轴，标记各风险因素指标，根据各风险因素所处的区域可以直观地判断风险因素的重要性，其中，右上角的深色区域为高风险区，浅色区域为中风险区，左下角深色区域为低风险区。

基础设施建设PPP项目风险因素矩阵如图4-1所示。

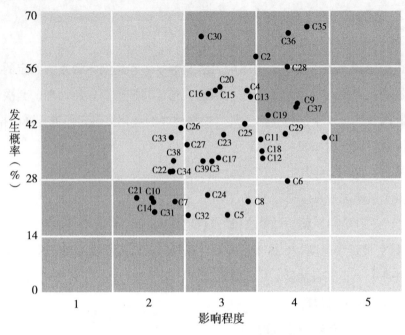

图4-1　基础设施建设PPP项目风险因素矩阵

从图4-1可以看出：

（1）位于右上角深色高风险区的风险因素

C2项目审批延误风险，C9融资困难风险，C19施工技术风险，C28项目唯一性风险，C30市场收益不足风险，C35政府信用风险，C36法律、政策变动风险，C37公众反对风险等，这些风险因素发生的可能性和影响程度都较大，在风险管理时应对其进行主动控制，尽可能地避免此类风险发生，否则就要考虑放弃相关项目。

（2）位于浅色中风险区的风险因素

浅色区域表示中风险区，中风险区又可分为发生概率小但影响程度大的区域、发生概率大但影响程度小的区域和发生概率与影响程度都较大区域。

①处于发生概率小但影响程度大区域的风险因素主要有C1项目设计经验不足风险，C5私营投资者、特许经营者变动风险，C6第三方（分包商、供应商）违约或延误风险，C8投标竞争不充分风险，C11设计不当及变更风险，C12财务风险，C18环保风险，C24配套设备服务提供不足风险，C29市场变

化风险，C32维修成本超支风险等。

②处于发生概率大但影响程度小区域的风险因素主要有 C4 合同文件冲突、不完备风险，C13工程管理能力不足风险，C15施工工期延误风险，C16工程质量风险，C20工程成本超支风险，C22不可抗力风险，C26政府监管不足风险，C33技术设备不达标风险，C34移交资产不合规风险，C38通货膨胀风险等。

处于以上两种区域的风险因素不会对项目产生太大的影响，但还是要加强日常的管理工作，以保证项目的正常运行。

③处于发生概率与影响程度都较大区域的风险因素主要有，C3设计用地获批使用风险，C17施工安全风险，C23劳、资、材料供应风险，C25组织协调沟通风险，C27运营、维护、管理能力不善风险，C39汇率、利率变动风险等。对于这些风险因素，应以预防为主、防治结合，一旦出现就要采用适当的方法及举措来避免或降低相关风险因素的影响。

（3）位于左下角深色低风险区的风险因素

C7招标竞争不充分风险，C10项目对投资者的吸引性不足风险，C14土地拆迁及补偿风险，C21气候、地质条件限制风险，C31残值风险等，这些风险因素发生概率和影响程度都较小，但同样应加强风险的预防和治理工作。

5 基础设施建设PPP项目风险评估

5.1 构建GA-BP神经网络风险评估模型

5.1.1 BP神经网络

BP神经网络是由以Rumelhart和McCelland为首的科学家在1986年提出的。

BP神经网络因能够模仿人脑学习东西并表现出反应而得以流行。BP神经网络的评价能力是通过"学习"一系列输入和输出数据集，构建输入与输出之间线性或非线性的映射关系网络，然后用这种网络计算新的输入集，使得到的预测输出结果与新的输入集之间具有特定的线性或非线性映射关系实现的。BP神经网络不同于其他算法，它可以自我学习、自我改变并实现对应的输出，通过引入新的网络输入模式，修改权重系数（权值）和偏差（阈值），进而输出预测值，保证网络输出的误差最小。

BP神经网络的训练过程：数据信息按一定的激活函数从输入层由隐藏层传播到输出层，在输出层获得网络输出值；将算法训练的结果与目标值进行比较，如果误差较大，它将沿原路径返回，按最速梯度下降法从输出层到隐藏层再到输入层，逐层调整连接的权值和阈值，直到网络的预测误差达到期望的结果。

以上训练过程可表示为以下步骤：

（1）通过网络传播误差的全局网络预测误差函数由式（5.1）定义：

$$E = \frac{1}{2}\sum_k \left(Y_k - O_k\right)^2 \tag{5.1}$$

式（5.1）中，E 为全局网络预测误差，Y_k 是期望的输出，O_k 是网络产生的实际输出。采用最速梯度下降法最小化该目标函数，即通过计算误差对权重的导数来成比例地改变系统各部分的权值和阈值。

（2）更新隐藏层和输出层之间的权值 ω_{jk}：

$$\omega_{jk} = \omega_{jk} - \eta \nabla E\left(\omega_{jk}\right) \tag{5.2}$$

式（5.2）中，$j=1$，2，$\cdots$，n；$k=1$，2，$\cdots$，m；ω_{jk} 表示第 j 个隐藏节点到第 k 个输出节点之间的权重，η 为学习率，是一个使得所求解收敛的学习因子，$\nabla E\left(\omega_{jk}\right)$ 为关于 ω_{jk} 的梯度，即：

$$\omega_{jk} = \omega_{jk} - \eta \times \frac{\partial E_k}{\partial O_k} \times \frac{\partial O_k}{\partial \omega_{jk}} \tag{5.3}$$

因为输出层输出：

$$O_k = \sum_{j=1}^{l} H_j \omega_{jk} - b_k$$

其中，激活函数：

$$y = f(x) = \frac{1}{1+e^{-x}}$$

对 x 求导后得到：

$$y' = y\left(1-y\right)$$

所以可进一步求得：

$$\omega_{jk} = \omega_{jk} + \eta H_j e_k \tag{5.4}$$

（3）更新输入层和隐藏层之间的权值 ω_{ij}：

$$\omega_{ij} = \omega_{ij} - \eta \nabla E\left(\omega_{ij}\right) \tag{5.5}$$

其中，$i=1$，2，$\cdots$，n；$j=1$，2，$\cdots$，m；ω_{ij} 表示第 i 个输入节点到第 j 个隐藏节点之间的权重，η 为学习率，$\nabla E\left(\omega_{ij}\right)$ 为关于 ω_{ij} 的梯度，即：

$$\omega_{ij} = \omega_{ij} - \eta \times \frac{\partial E_k}{\partial O_k} \times \frac{\partial O_k}{\partial H_j} \times \frac{\partial H_j}{\partial \omega_{ij}} \tag{5.6}$$

因为隐藏层输出：

$$H_j = f\left(\sum_{i=1}^{n} \omega_{ij} x_i - a_j\right)$$

所以：

$$\omega_{ij} = \omega_{ij} + \eta H_j \left(1 - H_j\right) x(i) \sum_{k=1}^{m} \omega_{jk} e_k \qquad （5.7）$$

（4）根据网络预测误差 $e_k = Y_k - O_k$，更新隐藏层与输出层之间的阈值 b_k：

$$b_k = b_k + e_k \qquad （5.8）$$

（5）更新输入层与隐藏层之间的阈值 a_j：

$$a_j = a_j + \eta H_j \left(1 - H_j\right) \sum_{k=1}^{m} \omega_{jk} e_k \qquad （5.9）$$

（6）判断算法迭代是否结束，若没有结束，返回第（2）步。

通过正向、反向传播反复学习，当信号误差达到网络信号输送精度要求时，即误差满足 $E = \dfrac{1}{2} \sum_k \left(Y_k - O_k\right)^2 < \xi$（$\xi$为精度）且修正权值满足 $\omega_{ij} = \omega_{ij} + \eta H_j \left(1 - H_j\right) x(i) \sum_{k=1}^{m} \omega_{jk} e_k > 0$ 时，BP神经网络的学习过程就结束了。

随着计算机学习能力（高频率）的增强，误差会随着迭代次数的增加而呈现出递减的趋势。

5.1.2　遗传算法

遗传算法（Genetic Algorithms，GA）最早是由美国教授约翰·霍兰德在20世纪70年代提出的。

遗传算法源于遗传学和自然进化理论，它基于生物学中的优胜劣汰原则，是一种全局随机搜索算法，通常用于优化组合模型。其目标是通过迭代选择最佳参数集，以最小化预测输出与实际输出之间的误差，即最小化适应度值。其工作方式是修改问题的一组潜在解决方案以进行优化，通过最小化适应度值来评价待优化目标。该算法迭代地使用选择、交叉和变异遗传算子生成个体：选择的目的是增加种群中最优个体被挑选的机会；交叉允许通过混合被选择的个体来繁衍后代；变异保证了个体的特殊性随机改变。如果达到最大迭代数或当前种群不再进化，则算法结束。

在遗传算法中，优化问题的解是以染色体的形式存在的。通常，遗传算法由以下 9 项基本元素构成：染色体编码方法；适应度函数；选择、交叉和变异 3 个遗传算子；种群大小、遗传代数、交叉概率和变异概率 4 个运行参数。在遗传算法的计算过程中，问题的可能解决方案将被编码到染色体中，通过迭代，按适应度函数的规则从中选择最优的个体，然后重组选择出来的个体并采用选择、交叉和变异 3 个遗传算子生成候选解群，不断重复这个进化的过程，直到满足终止条件。

以上计算过程可表示为以下步骤：

（1）初始化种群

问题的可能解决方案首先被限制在基于染色体的编码范围内，然后随机生成并按实数编码，构成初始的染色体种群，通过染色体的编码和解码操作来实现染色体之间的信息交换。

（2）适应度函数

适应度为预测输出向量和实际输出向量之间的偏差，染色体的适应度值越小，性能越好，表现出的差异越小。适应度函数为：

$$F = k\left(\sum_{i=1}^{n} abs(y_i - o_i) \right) \qquad （5.10）$$

式（5.10）中，n 为网络输出节点数，y_i 为网络第 i 个节点的预测输出，o_i 为第 i 个节点的实际输出，k 为系数。

（3）选择操作

选择操作采用轮盘赌选择算法从种群中选择适应度好的个体组成新种群。

①计算各染色体 v_i 的适应度值 $f(v_i)$：

$$f(v_i) = \frac{1}{F(v_i)} \qquad （5.11）$$

适应度值越小越好，因此取染色体中适应度值的倒数来衡量个体之间的差异优势，其倒数值越大，表明参与进化操作的可能性越大。

②计算种群中所有染色体适应度值的和：

$$F_{all} = \sum_{i=1}^{n} f(v_i) \qquad （5.12）$$

③计算各染色体v_i的选择概率p_i：

$$p_i = \frac{eval(v_i)}{F_{all}}$$ （5.13）

④计算各染色体v_i的累计概率q_i：

$$q_i = \sum_{i=1}^{n} p_i$$ （5.14）

⑤在［0，1］区间产生一个均匀分布的伪随机数r，若$r \leqslant q_1$，则选择第1个染色体，否则，选择第i个染色体，使得$q_{i-1} < r < q_i$成立。

（4）交叉操作

交叉操作是从种群中选择两个个体，按一定概率交叉后得到新个体。交叉操作有利于遗传算法挑出局部最优，增加了染色体的多样性，提高了获得全局最优解的可能性。第k个染色体a_k和第l个染色体a_l在j位的交叉操作如下：

$$a_{kj} = a_{kj}(1-b) + a_{lj}b$$
$$a_{lj} = a_{lj}(1-b) + a_{kj}b$$ （5.15）

式（5.15）中，b是［0，1］区间的随机数。

（5）变异操作

变异操作是从种群中随机选择一个个体，按一定概率变异得到新个体。选取第i个个体的第j个基因a_{ij}进行变异，变异操作如下：

$$f(g) = r_2\left(1 - \frac{g}{G_{max}}\right)^2$$ （5.16）

$$a_{ij} = \begin{cases} a_{ij} + (a_{ij} - a_{max}) \times f(g) & (r > 0.5) \\ a_{ij} + (a_{min} - a_{ij}) \times f(g) & (r \leqslant 0.5) \end{cases}$$ （5.17）

式（5.16）和式（5.17）中，a_{max}为基因a_{ij}的上界；a_{min}为基因a_{ij}的下界；r_2为一个随机数，g为当前迭代次数；G_{max}为最大进化次数；r为［0，1］区间的随机数。

（6）判断进化是否结束

若是，则输出计算结果；若否，则返回第（2）步，不断重复，直到获得最佳解决方案并输出计算结果。

5.1.3 基于GA的BP神经网络优化算法

基于GA的BP神经网络优化算法（GA-BP算法）是由 Petridis 等人提出的，它是遗传算法和BP神经网络的组合。

基础设施建设PPP项目全过程的风险因素很多，且变量难以使用线性模型进行描述。BP神经网络作为项目评价方法，既可以利用其自身的非线性映射能力反映各风险因素指标之间的复杂特征，又可以对模糊、随机的网络输入模式进行自适应学习，以评估其输出结果。但BP神经网络是基于梯度下降的优化算法，该算法通常从随机起点开始，沿着最大的局部范围下降，其初始连接权值和阈值被设置为随机的，选择不当将直接影响收敛和最终的稳定状态，很容易导致局部最小值，并不能保证找到全局最小值。同时，BP神经网络学习的主要任务是更新连接权值和阈值，并通过连续的方法确定合适的训练值，而过多或过少的训练都可能达不到一种理想的结果，甚至会导致网络的过度拟合并降低网络的泛化能力。通过遗传算法对BP神经网络的连接权重和阈值进行优化，不但可以充分利用遗传算法的全局搜索能力和BP神经网络的局部搜索优势，而且克服了BP神经网络本身固有的问题，即初始值随机确定和易陷入局部极小值的问题，还可以在全局范围通过对种群中的个体应用进化操作来检测潜在的更好的解，即跳出局部区域，获得全局最优解。因此，采用此组合算法可以大幅度提高BP神经网络的局部搜索能力，弥补其固有的缺陷，收敛速度快、稳定性强、预测精度高。

GA-BP算法的基本思想是用GA算法中的个体代表BP神经网络中的初始权值和阈值，以个体值初始化的BP神经网络的预测误差作为该个体的适应度值，通过选择操作、交叉操作、变异操作寻找最优个体，即最优的BP神经网络权值。

GA-BP算法具体的操作步骤如下：

（1）确定网络样本集。确定BP神经网络的训练及测试输入输出样本集，归一化到特定范围，以用于神经网络训练，根据训练结果划分项目风险等级。

（2）设计BP神经网络结构。预先构建神经网络的层数，确定输入层、输出层和隐藏层的个数，进行参数设置。

（3）由GA算法进行最优权值和阈值的计算：

①对神经网络待优化参数进行实数编码，形成其各自的染色体；

②设定种群规模大小和最大进化代数；

③设置选择、交叉概率，以及变异概率和目标误差等参数；

④输入样本，经过神经网络传输后，每个染色体产生相应的输出；

⑤利用适应度函数计算每个染色体的适应度值；

⑥根据适应度值大小进行选择操作、交叉操作、变异操作，产生新一代种群；

⑦重复步骤⑤～步骤⑧，直到满足终止条件；

⑧得到神经网络各连接的最优权值和阈值。

（4）BP神经网络训练。BP神经网络最终个体的解码值就是优化后的网络连接权值和阈值，即作为BP神经网络迭代的初始值，BP神经网络进行正常的训练和测试，以更新神经网络权值和阈值，直到得到适当的解决方案。

（5）可以通过实验结果或其他现有模型对最终的混合模型进行验证。

5.2　基于GA–BP算法的风险评估过程

5.2.1　确定网络样本集

（1）数据来源及指标赋值方法

本次调查共发放189份问卷，最终确定125份有效问卷，分别采用频次分析法和问卷调查法对39项风险因素发生概率和影响程度打分。将打分的加权结果作为网络训练的输入样本集，最终的风险因素等级水平由发生概率与影响程度加权求得，并作为网络训练输出样本集。

（2）训练、测试样本的确定

从125份有效问卷中随机选择105份数据作为网络训练数据，剩余20份数据作为网络测试数据。

（3）归一化处理

数据归一化处理即把所有数据都转化为［0，1］区间的数，其目的是消除各维数据间数据量级的差别，避免因为输入输出数据数量级差别较大而造成网络预测误差较大。

最大最小法：

$$x_k = \frac{(x_k - x_{\min})}{(x_{\max} - x_{\min})}$$

（4）训练、测试输入输出样本集

由于篇幅有限，本节只列出经过权重分配、归一化处理后的部分训练、测试样本数据，如表5-1所示。

（5）项目风险等级划分

根据训练、测试样本集划分项目风险等级，对输出结果设定最高分和最低分，按照0~1之间的输出值范围划分为5种风险等级：输出值在0~0.2（不含）之间的设定为一级，表明风险等级低；输出值在0.2~0.4（不含）之间的设定为二级，表明风险等级较低；输出值在0.4~0.6（不含）之间的设定为三级，表明风险等级中等；输出值在0.6~0.8（不含）之间的设定为四级，表明风险等级较高；输出值在0.8~1之间的设定为五级，表明风险等级高。

5.2.2　设计BP神经网络结构

（1）神经网络的层数

BP神经网络是由模仿生物神经元的初级处理器组成的高度连接的系统，其一般体系结构由连续的神经元组成。如果理论上可以建造具有非常多隐藏层的神经网络，则具有单个隐藏层的三层网络体系结构使用的Sigmoid型激活函数足以逼近任何非线性函数。一个三层网络包括一个隐藏层就足以解决大多数问题，其中复杂的非线性关系可以在精度上近似，本节选择三层BP神经网络结构。

表5-1　部分训练、测试样本数据

序号	1	2	3	4	5	6	7	8	9	10	11	12	13	14	15	16	17	18	19	20	输出
1	0.96	0.64	0.57	0.56	0.55	0.89	0.36	0.50	0.89	0.33	0.87	0.53	0.51	0.34	0.36	0.55	0.39	0.56	0.84	0.52	0.56
2	0.86	0.57	0.36	0.69	0.43	0.69	0.17	0.52	0.74	0.09	0.85	0.72	0.72	0.07	0.31	0.39	0.41	0.70	0.68	0.40	0.55
3	0.87	0.73	0.34	0.52	0.53	0.88	0.31	0.66	0.82	0.20	0.75	0.80	0.60	0.34	0.54	0.41	0.43	0.80	0.83	0.50	0.57
4	0.95	0.72	0.55	0.55	0.66	0.66	0.24	0.51	0.74	0.14	0.78	0.81	0.56	0.28	0.39	0.29	0.42	0.79	0.77	0.39	0.55
5	0.90	0.78	0.49	0.76	0.43	0.83	0.35	0.53	0.76	0.28	0.73	0.57	0.53	0.36	0.33	0.55	0.63	0.74	0.67	0.38	0.55
6	0.90	0.67	0.53	0.69	0.38	0.64	0.33	0.49	0.72	0.09	0.93	0.73	0.57	0.19	0.37	0.45	0.46	0.57	0.67	0.38	0.56
7	0.86	0.56	0.48	0.64	0.64	0.87	0.17	0.64	0.77	0.05	0.91	0.56	0.70	0.20	0.54	0.50	0.53	0.78	0.61	0.40	0.56
8	0.91	0.54	0.38	0.50	0.40	0.81	0.33	0.69	0.85	0.06	0.73	0.63	0.57	0.21	0.32	0.48	0.50	0.75	0.76	0.59	0.53
9	0.94	0.64	0.48	0.63	0.50	0.69	0.30	0.55	0.70	0.16	0.76	0.54	0.62	0.16	0.48	0.28	0.61	0.59	0.70	0.55	0.56
10	0.86	0.56	0.55	0.49	0.53	0.85	0.14	0.68	0.90	0.30	0.69	0.80	0.59	0.23	0.60	0.40	0.63	0.64	0.56	0.42	0.56

续表

序号	21	22	23	24	25	26	27	28	29	30	31	32	33	34	35	36	37	38	39	输出
1	0.20	0.18	0.46	0.39	0.44	0.20	0.33	0.73	0.71	0.47	0.07	0.36	0.22	0.36	0.77	0.92	0.87	0.35	0.45	0.56
2	0.11	0.39	0.35	0.42	0.64	0.37	0.43	0.63	0.84	0.46	0.07	0.25	0.39	0.42	0.76	0.86	0.89	0.43	0.38	0.55
3	0.18	0.29	0.40	0.28	0.61	0.23	0.49	0.75	0.83	0.49	0.13	0.38	0.42	0.33	0.89	0.73	0.91	0.18	0.42	0.57
4	0.01	0.33	0.47	0.28	0.44	0.47	0.25	0.89	0.68	0.32	0.11	0.36	0.24	0.29	1.00	0.84	0.68	0.20	0.52	0.55
5	0.23	0.19	0.48	0.57	0.43	0.25	0.29	0.71	0.85	0.26	0.27	0.46	0.26	0.33	0.95	0.66	0.84	0.27	0.30	0.55
6	0.03	0.14	0.47	0.51	0.48	0.35	0.50	0.89	0.84	0.52	0.15	0.43	0.19	0.30	0.88	0.86	0.85	0.34	0.28	0.56
7	0.20	0.35	0.55	0.34	0.48	0.39	0.48	0.75	0.83	0.28	0.31	0.32	0.29	0.18	0.76	0.88	0.67	0.21	0.45	0.56
8	0.23	0.32	0.52	0.44	0.42	0.20	0.31	0.66	0.69	0.48	0.32	0.25	0.27	0.14	0.75	0.71	0.67	0.19	0.39	0.53
9	0.02	0.39	0.53	0.50	0.60	0.23	0.33	0.77	0.84	0.54	0.15	0.21	0.17	0.21	0.83	0.85	0.91	0.43	0.48	0.56
10	0.09	0.29	0.37	0.44	0.61	0.27	0.24	0.79	0.87	0.52	0.19	0.41	0.43	0.42	0.76	0.88	0.71	0.27	0.33	0.56

（2）每层的神经元个数（输入层和输出层）

将39项风险因素指标作为输入参数，将风险因素等级作为输出参数，构建风险因素指标与风险因素等级之间的非线性输入输出关系，最终的BP神经网络结构为39–N–1。

（3）每层的神经元个数（隐藏层）

隐藏层节点数选择可参考下式：

$$l < n-1$$
$$l < \sqrt{(m+n)} + a$$
$$l = \log_2 n$$
$$l < \sqrt{(m \times n)} + a$$

$$\text{Kolmogorov定理：} \quad l = 2n + 1 \qquad （5.18）$$

式（5.18）中，n为输入层节点数；l为隐藏层节点数；m为输出层节点数；a为0～10之间的常数。

最终的BP神经网络结构为39–12–1，经过多次试验，其预测能力很强。

（4）BP神经网络参数设置

使用feedforwardnet创建函数、Sigmoid激活函数、trainlm训练函数，误差的表达则使用mse均方误差函数，按照前文确定的网络结果，确定BP神经网络的3个参数，即最大训练次数、学习率和训练要求精度，BP神经网络参数设置如表5–2所示。

表5–2　　　　　　　　　　BP神经网络参数设置

输入节点	隐藏节点	输出节点	最大训练次数	学习率	训练要求精度	激活函数	训练函数	均方误差函数
21	12	1	20	0.1	0.001	Sigmoid	trainlm	mse

5.2.3　用GA算法计算最优权值和阈值

（1）实数编码

$W1$为输入层与隐藏层之间的权值，$B1$为隐藏层的阈值，$W2$为隐藏层与输出层之间的权值，$B2$为输出层的阈值，而BP神经网络的结构为39–12–1，则染色体的长度为 39×12+12+12×1+1=493。

（2）种群规模的大小取决于其所包括的个体数量

一方面，种群中的个体越多，涉及的机会越多，即被选择的优势越大；另一方面，大量的个体导致计算量大，进化时间长，因此，有必要在精确度和效率之间进行折中处理。测试得出，由 20 个个体组成的种群在精确度和效率之间产生了很好的平衡。

（3）最大进化代数，即总迭代次数，主要取决于适应度值的变化

当适应度值保持不变或随着进化代数的增加而略有下降时，可视为最大进化代数的分界点。测试得出，随着进化代数的增加，染色体的最佳适应度值一直下降，直到达到临界值 90，然后趋于平稳。这表明，增加 90 代后的进化次数并不会有所改善。因此，可以把 90 设置为最大进化代数，但保守起见，最终该值设置为 100。

（4）选择、交叉、变异概率

在选择、交叉和变异操作中，其概率需要预先分配。通常，选择概率设置为一个较高的值（大于 80%），即可以选择最优秀的个体进行进化；变异概率通常设置为与进化一致的较小值；交叉概率设置在两个个体之间。本节设置交叉概率为 0.8，变异概率为 0.04。

（5）目标误差设置

目标误差设置为 0.0001。

GA 算法参数设置如表 5-3 所示。

表 5-3　　　　　　　　　　GA 算法参数设置

输入节点	隐藏节点	输出节点	种群规模	最大进化代数	交叉概率	变异概率	目标误差
21	12	1	20	100	0.8	0.04	0.0001

此时，可以得到输入层至隐藏层、隐藏层至输出层之间的权值和阈值，分别如表 5-4 和表 5-5 所示。

表5-4　　　　　　　　输入层至隐藏层的权值和阈值

权值												阈值
0.14	0.68	0.43	1.00	1.93	0.91	1.43	1.97	1.04	−1.42	−0.69	−1.88	0.50
0.78	1.84	0.92	0.95	−1.30	−0.58	0.30	−0.16	1.33	1.26	−0.70	−0.15	0.92
…	…	…	…	…	…	…	…	…	…	…	…	…
−0.53	−0.51	−1.92	0.75	0.22	1.06	1.17	−1.01	−1.20	−0.53	0.88	−1.50	1.78
−0.28	−1.93	−1.72	0.84	1.21	1.64	1.65	0.52	−1.47	−1.75	1.11	0.97	−1.49

表5-5　　　　　　　　隐藏层至输出层的权值和阈值

权值												阈值
0.79	−1.68	−0.64	−1.48	0.06	−0.07	−0.22	1.19	0.12	0.68	−0.07	−0.67	−0.96

5.2.4　BP神经网络训练

将优化过的初始权值和阈值代入BP神经网络，设定最大训练次数为100，训练要求精度为0.005，以样本数据作为神经网络的测试数据，测试结果均精确拟合，将基础设施建设PPP项目全过程的风险因素指标数据输入训练好的神经网络，得出PPP项目全过程的风险因素等级评价值，最终神经网络输出误差达到设定的精度。

5.3　基于GA-BP算法的风险评估结果分析

5.3.1　基于GA-BP算法的评估结果

GA-BP算法通过MATLAB2018a编程，实现模型的构建、训练以及后期的仿真。样本数据经过100次收敛迭代后达到误差精度要求，GA-BP算法的适应度函数曲线如图5-1所示。GA-BP算法的测试结果如表5-6所示。

图5-1表明利用GA-BP算法能够加快模型的收敛速度。

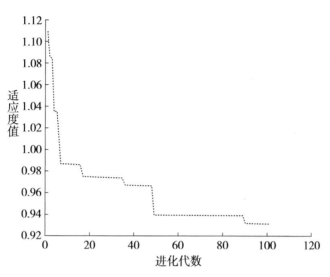

图5-1 GA-BP算法的适应度函数曲线（终止代数=100）

由表5-6可见，采用GA-BP算法计算的20个测试样本的相对误差均在0.1之下，集中在0.00~0.07，且基本没有误判的情况，可以看出GA-BP模型有很好的逼近效果。GA-BP模型对于项目风险因素等级的评估集中在0.48~0.62，其中有17项预测输出值在0.4~0.6（不含）范围，表明风险等级中等，有3项预测输出值在0.6~0.8（不含）范围，表明风险等级较高，即模型评估结果显示基础设施建设PPP项目全过程风险等级为中等偏高。

表5-6 　　　　　　　　　　　GA-BP算法的测试结果

测试样本序号	1	2	3	4	5	6	7	8	9	10
预测输出	0.57	0.56	0.52	0.54	0.58	0.61	0.51	0.60	0.55	0.52
实际输出	0.57	0.55	0.56	0.54	0.56	0.54	0.56	0.55	0.56	0.57
相对误差	0.00	−0.01	0.04	0.00	−0.02	−0.07	0.05	−0.05	0.01	0.05
测试样本序号	11	12	13	14	15	16	17	18	19	20
预测输出	0.49	0.59	0.56	0.53	0.62	0.58	0.50	0.52	0.53	0.48
实际输出	0.55	0.53	0.54	0.57	0.56	0.58	0.55	0.55	0.58	0.55
相对误差	0.06	−0.06	−0.02	0.04	−0.06	0.00	0.05	0.03	0.05	0.07

图5-2显示了采用GA-BP算法计算的预测输出和实际输出结果,从图中可以看出,采用GA-BP算法计算的20个风险因素等级评价预测值与样本中的实际值相差不大。

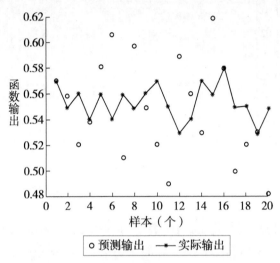

图5-2　GA-BP算法的预测输出和实际输出

图5-3显示了采用GA-BP算法计算的相对误差结果,20组测试样本的相对误差为-0.08～0.08,相对误差比较小,可以看出GA-BP模型有很好的逼近效果。

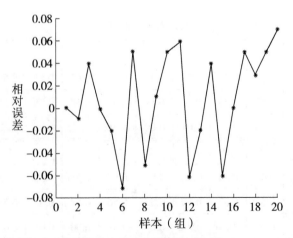

图5-3　GA-BP算法的相对误差

5.3.2 对比GA-BP算法与BP神经网络

为了验证GA-BP算法的性能，利用BP神经网络对样本数据进行仿真，然后进行对比试验，BP神经网络测试结果如表5-7所示。

表5-7   BP神经网络测试结果

测试样本序号	1	2	3	4	5	6	7	8	9	10
预测输出	0.47	0.55	0.52	0.54	0.44	0.48	0.61	0.51	0.60	0.58
实际输出	0.57	0.55	0.56	0.54	0.56	0.54	0.56	0.55	0.56	0.57
相对误差	0.10	0.00	0.04	0.00	0.12	0.06	−0.05	0.04	−0.04	−0.01
测试样本序号	11	12	13	14	15	16	17	18	19	20
预测输出	0.50	0.51	0.47	0.52	0.47	0.57	0.65	0.57	0.59	0.58
实际输出	0.55	0.53	0.54	0.57	0.56	0.58	0.55	0.55	0.58	0.55
相对误差	0.05	0.02	0.07	0.05	0.09	0.01	−0.10	−0.02	−0.01	−0.03

由表5-7可见，20个测试样本在BP神经网络预测中的相对误差最高达0.12，比GA-BP算法中的0.07大，并容易出现误判的情况。BP神经网络对于项目风险因素等级的评估集中在0.48～0.62，即基础设施建设PPP项目全过程风险为中高等，评估结果显示其预测的波动性较大、稳定性不强，易导致项目风险因素等级被低估或高估。

图5-4显示了BP神经网络的预测输出和实际输出结果，从图中可以看出，BP神经网络的20个风险等级评价预测值与样本中的实际值相差普遍较大，且BP神经网络的个别样本预测结果偏离程度较大。

图5-5显示了BP神经网络的相对误差结果，20组测试样本中的相对误差为−0.10～0.12，相对误差范围较GA-BP算法大，即GA-BP算法模型有很好的逼近效果。

GA-BP算法与BP神经网络性能比较结果如表5-8所示。

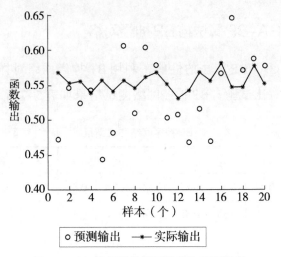

图5-4　BP神经网络预测输出和实际输出

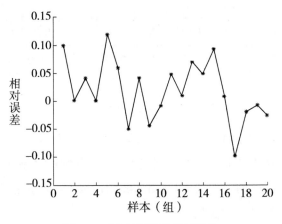

图5-5　BP神经网络相对误差

表5-8　　　　　　　　GA-BP算法与BP神经网络性能统计指标值

算法	GA-BP算法	BP神经网络
均方误差	0.0018	0.0031
均方根误差	0.0423	0.0556
平均绝对误差	0.0363	0.0452
平均绝对偏差	0.0654	0.0814

　　由表5-8可见，GA–BP算法的性能统计指标明显优于BP神经网络。神经网络的训练性能通常是通过测试来验证的，一般用均方误差、均方根误差、平均绝对误差和平均绝对偏差等统计指标来衡量。神经网络的输出是经过某种运算得出的最终结果，目标数据是真实的数据，用来与最终输出相比较，维数则是得出的最终结果的数组中包含的数量。均方误差表示平均误差，其结果数字越小代表神经网络的学习越准确，也就意味着损失函数越小。均方根误差表示平均残差的平方根。平均绝对误差表示每一个数据集目标值和预测值之间的残差。平均绝对偏差是用百分比来表示的，是一个无量纲误差。对于这4个指标，值越小表示模型的性能越好。将这4种统计指标结合使用，可以检查GA–BP算法和BP神经网络的性能。从表5-8可以看出，GA–BP算法的4种指标值都偏小，其具有更好的性能。

　　综上，GA–BP算法较BP神经网络在误差与速度上都更有优势。同时，GA–BP算法应用于基础设施建设PPP项目全过程风险评估的结果与实际专家评分结果基本一致，准确性高，实用性较强，且由模型评估结果可知，基础设施建设PPP项目全过程风险等级为中等偏高。

6 案例分析

6.1 ××市公有云中心及智慧应用PPP项目

6.1.1 项目概况

××市公有云中心及智慧应用PPP项目包括公有云数据中心、智能运营中心、展示体验中心、智慧医疗、教育、社区、城管、交通、公安、安监、环保、节能、水务、工商、法庭、物流、旅游、农业18个领域的智慧建设，各领域智慧项目根据功能属性和费价形成机制，可以细分为28个子项目。该项目总投资预算为318169.4万元，项目资本金为77769.4万元（约占总投资的24.4%），其中，政府出资34%，社会资本出资66%；外部融资240400万元（约占总投资的75.6%）。该项目全生命周期为20年，包括建设期和运营期，项目整体建设周期约为3年。该项目采用BOT+BOO的复合运作模式。

1. BOO子项目的运作模式

××市人民政府授权××市工业和信息化委员会作为项目的实施机构。政府出资代表与社会资本共同出资，签署《合作经营合同》和《公司章程》，组建项目公司。项目实施机构与项目公司签订《PPP项目合同》，授予项目公司经营权，由项目公司负责本项目所有细分模块的投资、建设、运营、维护、更新等工作，以及部分子项目的移交工作。项目公司通过向使用者提供相应的智慧应用公共产品和服务，补偿项目的运营和投资成本、向金融机构融资的本息和应缴税金，并获取合理的投资回报。在项目合作期限届满后，若政府与项目公司未能就该部分项目PPP合作期限延长事宜重新签订《PPP

项目合同》或《补充协议》，则政府以股权收购或资产收购的方式回购该部分项目。

BOO子项目运作模式结构基本框架如图6-1所示。

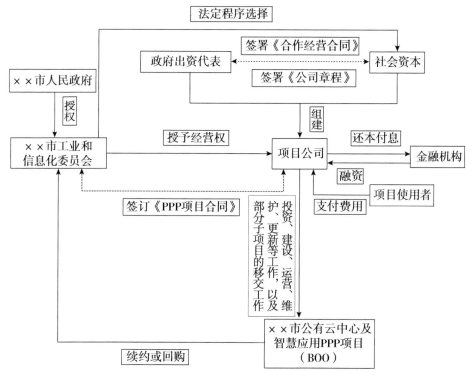

图6-1 BOO子项目运作模式结构基本框架

2. BOT子项目的运作模式

其与BOO子项目运作模式的不同之处在于，项目公司通过政府购买服务来补偿项目的各类成本并确保其收益。在项目合作期限届满后，项目公司无偿移交该项目给项目实施机构。

BOT子项目运作模式结构基本框架如图6-2所示。

6.1.2 项目风险评估

项目风险评估过程一般为邀请一定数量的有丰富经验的专家匿名打分，对专家意见进行汇总处理，将得到的汇总结果再反馈给各位专家，专家根据

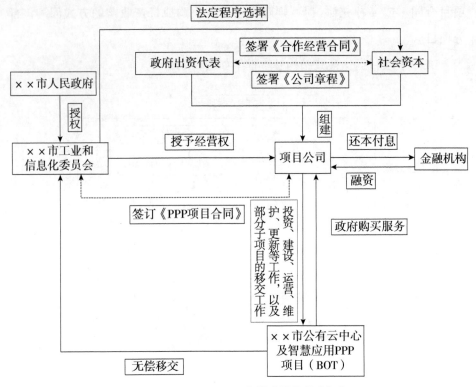

图6-2 BOT子项目运作模式结构基本框架

收到的反馈结果的大多数意见修改自身的不同意见，反复进行几次，最终得到比较一致且相对准确的结果。

针对本案例，邀请了PPP项目领域的研究者和在PPP项目、在基础设施建设方面拥有丰富经验的政府或私营机构项目负责人，共11位专家，然后将前文构建的指标体系和××市公有云中心及智慧应用PPP项目的信息资料邮寄给各位专家，请各位专家按照前文中的方法根据研究资料及自身经验对每个风险评价指标进行打分，针对专家打分的结果，本节取所有专家打分的平均分，对其进行归一化处理后，得到各风险因素指标权重，进一步对其进行加权处理，得到风险因素等级量化值，由此得到该项目的风险因素影响程度、权重及风险因素等级量化值，如表6-1所示。

表6-1 项目风险因素等级评估表

风险因素	影响程度	权重	风险因素等级	风险因素	影响程度	权重	风险因素等级
C1	3.53	0.0350	0.0283	C21	0.53	0.0118	0.0128
C2	2.21	0.0248	0.0294	C22	0.82	0.0141	0.0159
C3	1.10	0.0162	0.0177	C23	0.88	0.0145	0.0172
C4	2.85	0.0298	0.0298	C24	0.90	0.0147	0.0145
C5	2.50	0.0271	0.0176	C25	1.85	0.0220	0.0227
C6	1.51	0.0194	0.0178	C26	2.35	0.0259	0.0251
C7	1.45	0.0189	0.0159	C27	1.82	0.0218	0.0218
C8	2.56	0.0275	0.0192	C28	1.54	0.0196	0.0256
C9	3.38	0.0339	0.0307	C29	1.35	0.0182	0.0206
C10	0.85	0.0143	0.0141	C30	1.78	0.0215	0.0285
C11	3.21	0.0326	0.0273	C31	0.77	0.0137	0.0128
C12	2.45	0.0267	0.0230	C32	0.83	0.0142	0.0127
C13	3.05	0.0313	0.0300	C33	1.29	0.0177	0.0201
C14	0.80	0.0139	0.0137	C34	0.90	0.0147	0.0162
C15	1.95	0.0228	0.0261	C35	2.96	0.0306	0.0346
C16	2.14	0.0243	0.0267	C36	2.23	0.0250	0.0309
C17	0.94	0.0150	0.0173	C37	2.40	0.0263	0.0268
C18	2.20	0.0247	0.0227	C38	1.45	0.0189	0.0191
C19	2.80	0.0294	0.0278	C39	1.8	0.0217	0.0205
C20	2.53	0.0273	0.0287				

将上文中用频次分析法和问卷调查法对风险因素发生概率和影响程度进行打分的结果作为网络训练的输入样本集，两者加权，求得项目风险因素等级并将之作为网络训练输出样本集，然后将得到的数据作为网络训练样本，进行GA-BP神经网络训练，根据神经网络训练结果来测试此项目组的数据，进而得到该项目的风险因素等级评价值：0.3514。按照前文对风险等级输出结果的划分，此项目风险为二级。

6.1.3 项目风险评估结果分析

由表6-1可以看出，政府信用风险，法律、政策变动风险等是该项目等级较高的几类风险因素。

对于二级风险因素，应认真编写预案，做好一般防范工作，定期检查；应结合项目具体情况，针对已确定的几类等级较高的风险因素，主要采用风险缓解策略，通过降低风险因素的发生概率及预期的影响程度来降低项目风险水平，例如找出该风险因素诱发原因，从源头上进行控制，从而消除或减小风险因素发生概率，一旦风险因素发生，要及时确定风险因素的影响程度，根据具体的风险因素应对策略制订方案，以减小损失。

6.2 ××房地产PPP项目

在房地产项目中存在很多风险，缺乏科学的风险管理手段，容易导致建筑工程项目"成本、进度、质量"三大目标难以实现，进而造成严重的项目损失。

为解决上述问题，本节主要采取以下几点措施：首先，为降低人为赋权的影响，用熵值法来修正专家的主观因素，确定项目风险项及其组合权重；其次，借助项目风险矩阵表，采用插值法确定风险因素发生概率及影响程度量化值，进一步确定风险等级，并与组合权重加权，得到工程项目的总体风险等级；再次，在确定的风险项及用插值法确定的风险因素影响程度和发生概率基础上，采用BORDA序值法对工程项目风险因素进行等级划分；最后，根据项目风险因素等级划分结果制订应对策略。

6.2.1 研究框架设计

房地产项目风险管理的特点：房地产项目属于建筑项目，工程体量大，一次性投入资源多，工期紧张，设计复杂，工程质量标准高，施工场地有限。此外，此类项目以总承包思想为主导，对各专业工种进行统筹规划。这些特点导致房地产项目风险管理要素众多，既包含人的方面，也包含物的方面，需要综合考虑风险因素。

一般项目风险管理框架包括风险识别、风险分析、风险评价、风险应对等，如图6-3所示。

图6-3 风险管理框架

根据上述一般风险管理框架，结合房地产项目风险管理特点，本书设计出房地产项目风险管理研究框架（见图6-4）。

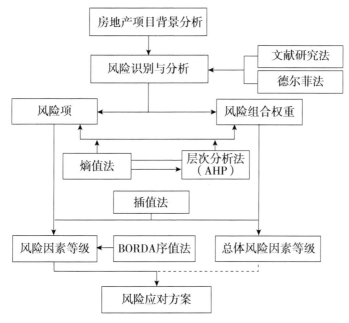

图6-4 房地产项目风险管理研究框架

在风险识别、风险分析、风险评估、风险应对4个阶段中，前3个阶段服务于最后1个阶段，前3个阶段的质量关系着整个项目风险因素的应对水平。本节采用AHP-BORDA方法进行房地产项目的风险管理。层次分析法（AHP）可以在风险识别的基础上通过专家评分确定各风险因素的指标权重，在此基础上引入熵值法，修正专家的主观权重，得到组合权重，通过组合权重的排序筛选出工程项目的主要风险因素，剔除可忽略的风险因素，降低风险维数。在确定风险因素指标权重的基础上，引入风险矩阵，通过插值法确定风险因素的发生概率及影响程度量化值，进一步确定风险等级，通过与先前的组合权重加权，确定工程项目的总体风险等级。在确定的风险项及用插值法确定的风险因素发生概率及影响程度基础上，通过BORDA序值法确定具体风险因素的排序，解决众多风险因素处于一个风险等级的问题。根据上述过程得到的风险因素排序结果，有针对性地采取风险应对措施，使工程项目风险管理所投入的时间及成本最低且取得的效果最显著。

AHP-BORDA的使用方法简介如下：

（1）确定项目总体风险等级

将用层次分析法和熵值法计算出的综合风险权重（RW）与用插值法计算出的风险等级（RR）相乘，再累加，得到项目总体风险等级（RT），具体公式如下：

$$RT = \sum_{k=1}^{n} \left(RR_k \times RW_k \right) \tag{6.1}$$

（2）项目风险等级划分及风险因素排序

采用基于投票理论的BORDA序值法对工程项目风险因素的重要性进行排序。BORDA序值法可以处理许多虽处于同一风险等级但可以继续细分风险因素重要性的情况，具体公式如下：

$$b_i = \sum_{k=1}^{2} \left(N - R_{ik} \right) \tag{6.2}$$

式（6.2）中，N表示建设项目风险因素总个数，即由熵值法和修正后的层次分析法计算出最终指标权重排序，进而确定最终的项目风险因素个数。i表示某个特定的工程项目风险因素。k表示某一判定准则（$k=1$表示风险影响程度，R_{i1}表示风险因素i在整个项目风险影响程度RI值中的排名；$k=2$表示风险发生概率，R_{i2}表示风险因素i在整个项目风险发生概率RP值中的排名）。

6.2.2 ××房地产PPP项目风险管理实证分析

1.风险识别

使用德尔菲法进行风险识别，步骤如下：

（1）通过文献研究法确定××房地产PPP项目可能存在的风险，以以往相似的典型工程信息资料为参考，进行实地考察，将最终确定的潜在风险因素罗列出来并对其进行汇总整理。

（2）邀请一定数量的有丰富相关经验的专家，采用匿名的方式发表意见，对专家意见进行汇总，将得到的汇总结果反馈给专家，专家根据收到的反馈结果的大多数意见修改自身的不同意见，反复进行几次，最终得到一致且相对准确的结果。针对××房地产PPP项目，我们邀请了9位具有丰富经验的专家，然后将本项目的资料以及汇总的潜在风险因素信息邮寄给各位专家，经过3轮的探讨修改，最终确定了以下5类21项风险因素指标（见表6-2）。

表6-2　　　　　　　　　　××房地产风险因素指标体系

目标层	一级指标	二级指标
风险因素指标体系	B1管理风险	C1总承包管理协调难度大风险、C2施工组织管理难度大风险、C3动态监控管理不到位风险、C4造价信息管理不充分风险、C5成本管理不到位风险
	B2技术风险	C6新技术的突破风险、C7特殊工艺的可行性风险、C8技术变更风险
	B3设备材料风险	C9价格波动风险、C10新设备材料的使用风险、C11设备材料搬运风险
	B4造价管理人员业务能力不足引起的风险	C12成本意识薄弱风险、C13对工程造价管理的认识不足风险、C14相关工作人员素质不够风险、C15承担业务范围太窄风险
	B5施工风险	C16工期紧张风险、C17工程返工风险、C18工程量增减风险、C19设计变更风险、C20工程变更及索赔风险、C21雨季施工风险

2.指标组合权重的确定

在确定了××房地产PPP项目风险因素指标体系之后，先建立项目风险因素指标体系的递阶层次关系，接着由具有相关丰富经验的若干专家进行判断，根据得出的各风险因素的相对重要程度，构建判断矩阵，得出指标的主观权重，并得出一致性检验结果。具体而言，由层次分析法建立判断矩阵，确定主观权重并进行一致性检验，得到的CR（一致性检验指标）值均小于0.1，说明构建的判断矩阵满足一致性检验结果。根据熵值法确定客观权重，加权得到综合风险权重（RW），最终结果如表6-3所示。

表6-3　　　　　　　　　　　　　风险因素指标权重

一级指标	组合权重	主观权重	客观权重	二级指标	组合权重	主观权重	客观权重	综合风险权重（RW）	风险项
B1	0.37	0.44	0.18	C1	0.38	0.3	0.27	0.14	S
				C2	0.38	0.45	0.18	0.14	S
				C3	0.17	0.14	0.26	0.06	G
				C4	0.06	0.06	0.20	0.02	N
				C5	0.02	0.05	0.10	0.01	N
B2	0.06	0.08	0.16	C6	0.61	0.62	0.33	0.04	G
				C7	0.28	0.24	0.40	0.02	N
				C8	0.11	0.14	0.28	0.01	N
B3	0.35	0.28	0.26	C9	0.17	0.15	0.29	0.06	G
				C10	0.45	0.53	0.22	0.16	S
				C11	0.03	0.07	0.12	0.01	N
B4	0.03	0.05	0.12	C12	0.29	0.21	0.37	0.01	N
				C13	0.09	0.1	0.24	0.00	N
				C14	0.02	0.05	0.13	0.00	N
				C15	0.60	0.64	0.25	0.02	N
B5	0.20	0.15	0.28	C16	0.29	0.39	0.13	0.07	G
				C17	0.35	0.28	0.22	0.07	G
				C18	0.02	0.04	0.08	0.02	N

续表

一级指标	组合权重	主观权重	客观权重	二级指标	组合权重	主观权重	客观权重	综合风险权重（RW）	风险项
				C19	0.08	0.08	0.18	0.02	N
B5	0.20	0.15	0.28	C20	0.05	0.06	0.16	0.03	G
				C21	0.20	0.16	0.22	0.06	G

注：根据总排序权重将风险项分为S风险、G风险和N风险，S风险为严重风险因素，$RW > 0.07$；G风险为一般风险因素，$0.02 < RW \leq 0.07$；N风险为可忽略风险因素，$RW \leq 0.02$。

由表6-3可以看出，C1总承包管理协调难度大风险、C2施工组织管理难度大风险、C10新设备材料的使用风险为S风险项，需加大监控力度，力求事前控制；C3动态监控管理不到位风险、C6新技术的突破风险、C9价格波动风险、C16工期紧张风险、C17工程返工风险、C20工程变更及索赔风险和C21雨季施工风险为G风险项，应加强对其重视程度；其余的风险因素属于N风险项，可以忽略，暂不考虑。

3.风险等级划分

在建立了风险因素指标体系，确定了指标组合权重之后，需要构建相应的风险评估矩阵，根据风险因素的影响程度和发生概率评定风险等级（但确定的只是一个范围）。为了便于定量分析，可将风险因素影响程度分为5个等级，即可忽略、微小、一般、严重、灾难性的；将发生概率分为5个等级，即基本不可能、极小可能、可能、较大可能、极有可能；将风险等级分为5个等级，即很低、较低、中等、较高、很高，并进行范围赋值，具体构建的项目风险赋值表如表6-4所示。

表6-4　　　　　　　　　项目风险赋值表

风险因素影响程度	等级	可忽略	微小	一般	严重	灾难性的
	量化值	0～1（不含）	1～2（不含）	2～3（不含）	3～4（不含）	4～5
风险因素发生概率	等级	基本不可能	极小可能	可能	较大可能	极有可能
	量化值	1～10（不含）	10～30（不含）	30～60（不含）	60～90（不含）	90～100

风险等级	等级	很低	较低	中等	较高	很高
	量化值	0～1 （不含）	1～2 （不含）	2～3 （不含）	3～4 （不含）	4～5

（1）计算RR值

邀请相关领域的9位专家根据表6-4对风险因素的影响程度以及发生概率进行量化打分，最终取其加权平均值，得到RI、RP值，根据插值法计算RR值。

（2）总体风险等级的确定

根据表6-4及式（6.1）得出项目总体风险等级$RT=2.78$，为较高风险，因此需要根据上述风险因素评价等级制订风险应对策略，尽量做到事前控制，在具体施工中做到实时的动态监管，做好一系列的风险防范措施。

（3）计算各风险因素的BORDA数并排序

根据式（6.2）将风险因素的BORDA数计算出来后，对它们进行排序，得到BORDA序值，最终结果如表6-5所示。

表6-5 风险等级

风险因素	影响程度（RI）		发生概率（RP）		风险等级（RR）		综合风险权重（RW）	BORDA数	BORDA序值	最终确认的风险等级
	等级	量化值	等级	量化值	等级	量化值				
C1	严重	3.22	30～60	50.34	较高	3.15	0.14	19	1	一级
C2	严重	3.37	30～60	52.89	较高	3.28	0.14	21	0	一级
C3	一般	2.79	30～60	44.37	中等	2.88	0.06	13	4	二级
C6	一般	2.68	30～60	38.11	中等	2.68	0.04	15	2	一级
C9	一般	2.77	30～60	32.55	中等	2.57	0.06	15	2	一级
C10	严重	3.09	30～60	44.34	较高	3.04	0.16	9	6	三级
C16	一般	2.43	60～90	65.19	较高	3.07	0.07	9	6	三级
C17	一般	2.54	30～60	35.22	中等	2.59	0.07	14	3	二级
C20	一般	2.12	10～30	18.35	中等	2.05	0.03	4	7	三级
C21	一般	2.17	10～30	22.68	中等	2.11	0.06	2	8	三级

根据BORDA序值，将0～2划分为一级风险等级（C2施工组织管理难度大风险、C1总承包管理协调难度大风险、C6新技术的突破风险和C9价格波动风险），将3～5划分为二级风险等级（C17工程返工风险、C3动态监控管理不到位风险），将6～8划分为三级风险等级（C10新设备材料的使用风险、C16工期紧张风险、C20工程变更及索赔风险和C21雨季施工风险）。

4.应对策略的制订

对于一级风险因素，包括C1总承包管理协调难度大风险、C2施工组织管理难度大风险、C6新技术的突破风险和C9价格波动风险，需加大监控力度，力求事前控制。要做好施工前期的筹划准备工作，选派有相关工作经验的管理人员针对项目进行合理的统筹规划；在施工过程中严格按计划实施，抽调得力的管理人员，成立与分包单位进行协调的管理组织，加强对分包单位的施工管理；在引进新技术的同时，需要在增加成本的基础上提高劳动生产率，需要密切关注新技术的使用，防止因技术达不到施工要求而耽误施工进度；加强对设备材料采购价格的控制，形成自己的价格数据库，密切关注材料新供方、可替代材料的市场价格走势。

对于二级风险因素，包括C17工程返工风险、C3动态监控管理不到位风险，应加强对其的重视程度，应保证施工设计图的准确、全面、清楚，加强与设计部门的沟通与协调，避免因设计造成一系列的相关问题；加强项目管理人员的成本意识，扩大其承担范围，以确保项目中发生的一切问题都能得到及时、有效的控制；合理安排设备材料放置场地，做到按需供应，减少材料储存费用。

对于三级风险因素，包括C10新设备材料的使用风险、C16工期紧张风险、C20工程变更及索赔风险和C21雨季施工风险，应有相应的控制措施，减少对项目造成损失的情况。在引进新设备材料的同时，需要确保其符合施工要求；制订系统的工期进度计划表，应用工程项目分解技术，通过控制各分项工程的目标进度来实现整体工期进度目标；规范施工合同管理，明确责任制度；施工前及时编制雨季施工方案，组织相关人员成立雨季防洪小组。

6.2.3 结语

建设工程项目具有工程量大、不确定性因素多、施工情况复杂等特点，许多不确定性因素往往会造成巨大的损失，产生不可挽救的局面。本节在识别出建设工程项目的风险因素之后，用层次分析法与熵值法确定风险因素的组合权重，降低人为赋权的主观影响，接着用插值法和 BORDA 序值法相结合的方法，精准地划分了项目总体风险等级及分项风险等级，最后给出应对策略，针对性地解决项目中存在的问题，具有一定的实用价值。

7 基础设施建设PPP项目风险应对

7.1 风险应对策略

7.1.1 风险因素应对策略

针对频次分析法与问卷调查法对基础设施建设PPP项目全过程风险因素等级评估结果，可以制订如下应对策略。

1.项目准备阶段

重点关注C2项目审批延误风险。我国在PPP模式应用方面尚处于初级阶段，还没有形成规范的体系，体制还有待完善。政府部门要规范审批程序，简化审批步骤并优化其程序；国土、环保、银行等相关部门必须密切合作，防止项目审批延误以及许可证下发延误。

对于C3设计用地获批使用风险，政府应该帮助私营部门取得土地使用权、规划建设用地许可证以及规划和建设工程许可证等，以确保项目后期的顺利进行；政府部门应根据城市发展速度、城市长远发展规划、建筑工程建设规划等，科学、准确地选择基础设施项目安置点，并将设计用地获批使用作为许可协议生效的前提条件。

对于发生概率小但影响程度较大的C1项目设计经验不足风险，政府部门在选择合作的私营部门时需要考虑其是否有参与相关PPP项目的经验。对PPP项目中存在的设计经验不足、缺乏案例指导等情况，私营部门可以学习借鉴国家发展和改革委员会公布的若干意见及各地具有代表性和示范性的PPP项目案例。

2.项目采购阶段

对于发生概率小但影响程度大的C4合同文件冲突、不完备风险，应详细说明特许权合同的内容，明确界定各参与方的责任、义务及所承担的风险，这样才能约束行为，保证合同文件的完备性；任何一方违反合同，其他当事人有权追究其法律责任，并根据合同要求索赔或赔偿，避免由合同文件所引起的冲突；具体条款，如涉及所有权浮动、信息共享、材料不可获得性、技术应用、对价格变化的反应等，合同中应明确延迟损害赔偿、参与人角色、政府赔偿等内容；参与者应制定适当的合同条款，明确权利、责任、风险配置，从而使项目更具吸引力，提高参与者的积极性。

对于发生概率大但影响程度小的C5私营投资者、特许经营者变动风险，政府部门需要评估参与投标的民营部门的资质、信用与能力，选择能力优且信用好的合作伙伴；在双方合作的过程，应加强信任沟通，避免因不必要的争端造成的合作变更。

对于C6第三方（分包商、供应商）违约或延误风险，私营部门应与分包商、供应商等第三方相关部门建立密切的合作关系，增进双方的信任，减少第三方违约的可能性；在特许权协议中，应明确规定第三方延误及违约等相关内容，切实保障自身的利益。

对于C8投标竞争不充分风险，私营部门应该严格遵守政府部门的要求，按照规定的招标要求参与投标，促进政府部门和社会资本之间的合作，确保项目顺利实施；同时应大力推广电子招投标和网上合同，透明竞价。

3.项目融资阶段

应重点考虑C9融资困难风险，PPP模式作为一种公私合营的融资模式，在私营投资者融资能力及金融市场方面仍然存在巨大的风险。PPP项目的关键审核点是综合营利能力、管理能力、财务状况、现金流以及相应的信用提升措施，因此可以采用如股权质押、其他社会资本担保等方式管理融资风险。

4.项目建设阶段

重点关注C19施工技术风险。在PPP项目建设过程中，技术成熟度、专业人员配备及数据共享情况会直接影响项目的工期、质量及成本。私营部门应该加强技术研究，提高技术的成熟度，掌握核心技术，在此基础上保证项目的质量，使其达到预定的标准和要求；同时，应该配备专业的技术施工人员，保证人机的协作性与统一性；搭建云平台，充分利用信息资源，实现数据共享，保证项目的实用性，充分满足公众需求。

对于发生概率和影响程度都较大的C17施工安全风险，施工部门应根据项目资料积累及典型施工事故案例编制施工安全手册，并对员工进行培训，明确安全管理目标，确定安全管理体系，实施安全技术措施。

对于C23劳、资、材料供应风险，私营部门应保证部门劳动力充足，确保施工的顺利进行，保证施工工期；确保前期融资的充足性，并做好资金的规划及利用；应与材料供应商保持合作关系，确保材料的及时供应，保证成本最小化。

对于C25组织协调沟通风险，应确保各参与方之间有效协调和运作，以促进和确保PPP项目成功；同时，通过各参与方之间的信任沟通，增强协同主体之间的凝聚力，推动项目顺利实施，使基础设施建设PPP项目产生更高的社会效益。

对于发生概率大但影响程度小的C13工程管理能力不足风险，政府部门应在选择合作的私营部门时考虑其是否有参与PPP项目的经验；私营部门应从财政部政府和社会资本合作中心、原国家环境保护部、中国政府采购网等PPP相关主流网站公布的大量典型的PPP项目相关案例中学习，通过实际操作来积累PPP项目管理经验，形成独立的管理体系，为后续类似项目的管理提供指导。

对于C15施工工期延误风险，私营部门应提前制订科学合理的进度计划，跟踪并定期更新施工进度，对照计划及时调整进度，如当施工进度较慢时，增加人力、物力和设备投入等来加快施工进度，此外，应在合同中明确工期延误的处理方式。

对于C16工程质量风险，私营部门应委托有经验的第三方机构进行项目设计及施工，在设计阶段，考虑并严格确定设计选项及审核标准；在施工阶段，严格按照施工工艺和规范控制施工步骤，使项目达到规定的质量要求。

对于C20工程成本超支风险，在建设阶段前期，私营部门应定期做好建设工程成本控制和分析，准确估计工程量，积极拓展项目融资渠道，确保项目资金充足；在建设阶段，必须建立和完善项目成本管理系统，制定以项目管理者为核心的管理体制。同时，政府部门应对私营部门进行监督和绩效考评。

对于C22不可抗力风险，各参与方应通过合同制定相应条款，合理分配风险。

对于C26政府监管不足风险，政府应该完善监督机制，增强工作的针对性、规范性和实效性，同时应加强对相关机构政府人员的监管，避免一些人员为了追求个人利益而耽误工作的情况。

对于发生概率小但影响程度大的C11设计不当及变更风险，项目公司应选择具有丰富经验的设计公司，确保项目设计的准确性，并明确变更赔偿条款，避免二次变更造成项目损失。

对于C12财务风险，政府部门要与私营部门合作，加强对资金链的管理，完善资金审批、支付和报销管理制度；建立有效的监督机制，实施动态管理，确保资金使用的透明化、公开化、合理化，确保成本降低及资金正常回收。

对于C18环保风险，政府部门要完善环境保护政策，私营部门应按政府部门发布的环境保护政策开展项目，制定项目环保指标，严格按照制定的标准执行，如通过袋式除尘器和合理布局工厂设施和设备的位置最大限度地减少废弃物对周围环境的影响等。同时，随着私营部门对环保工作投入的资源等的增加，政府部门也应该提供适当的补助，避免私营部门因环保支出过大而造成项目停工。

对于C24配套设备服务提供不足风险，政府部门应提供符合生产标准的施工配套设施并保证其供应充足，简化相应的手续，确保项目的顺利进行。

5.项目运营阶段

对于C28项目唯一性风险，政府部门应负责沟通、谈判，合理规划城市基础设施，采取政策引导、私营部门服从协调的方针，确保项目的唯一性；私营部门应及时进行技术改进及创新，注重研发，确保项目质量，保证价格低廉，提高项目竞争力，确保项目后期收益。

对于C30市场收益不足风险，应设计合理的定价机制，既要保证投资者获利，又要使公众对公共服务感到满意。当设置的价格低于或者高于市场水平时，政府部门要通过政策扶持等手段平衡价格，保证各方利益。

对于发生概率和影响程度都较大的C27运营、维护、管理能力不善风险，私营部门应构建智能一体化的管理系统，确保项目进程的每一个步骤都科学有效，并配备专业的管理人员。

对于发生概率小但影响程度大的C29市场变化风险，私营部门应确保整个运营过程实现最高收入和最低成本。首先，应紧跟国家宏观环境的变化及政策的制定，提供合理、多样化的项目及服务，以适应市场需求变化；其次，寻找并制订合理的应对策略，保证运营过程顺利；最后，精准保障项目资金，控制运营成本，提升管理技能。

6.项目移交阶段

C32维修成本超支风险、C33技术设备不达标风险、C34移交资产不合规风险均由项目公司运营维护不到位造成，政府部门应明确相关的移交标准，项目公司应加强运营、维护、管理水平，减少移交阶段的风险。

7.贯穿全过程

应重点关注C35政府信用风险。政府部门有必要承诺不随意、频繁变动项目信息，保证特许权协议，并在合同中约定政府失信的赔偿事宜和后续处理办法；此外，政府部门还应与私营部门达成有关利润分配的协议，保证私营部门有利可图，使其能够正常运作；政府部门应实施信用促进措施和金融监管办法，降低政府信用风险。

对于C36法律、政策变动风险，政府部门应该明确促进城市基础设施发展的政策，如财政补贴机制等，尽量避免法律、政策变动，在保证经济宏观调控的同时保证项目顺利进行，保证私营部门的利益，一旦法律、政策变动对项目运行产生不良影响，政府部门应该立即通知私营部门，并提出应对这些变化的对策。

对于C37公众反对风险，如果是反对像污染物排放和噪声污染这样的情况，私营部门应该及时承担责任并解决问题，消除影响；如果是反对选址和关税补贴等由政府部门引起的情况，政府部门就应该调整策略，保障公民利益，满足公众需求。

对于发生概率和影响程度都较大的C39汇率、利率变动风险，政府部门可以对价格调整公式中的费率进行调整；私营部门可以申请使用金融工具来规避这一风险。

对于发生概率大但影响程度小的C38通货膨胀风险，则应在价格调整公式中设定一个调整系数，控制项目成本，确保项目收益。

总之，在项目全过程，私营部门应学习、借鉴国内外相关基础设施建设PPP项目管理及承接经验，构建规范的项目管理模式，对每一个施工步骤都要严把质量关，切实做好项目的成本控制，提高施工效率；政府部门应该通过适当的方法选择具有丰富的PPP项目管理经验的私营部门进行合作，完善PPP项目的法律法规及合同条款，在合同中明确政府部门赔偿、私营部门建设质量、成本和工期损害赔偿等内容，加强项目监管，以降低信用风险并保证各参与方的权利；同时，应制定适当的合同条款，明确权利、责任、风险配置、补偿和奖惩机制，从而确保项目全过程管理顺利开展。

7.1.2　风险等级应对策略

根据GA–BP神经网络风险评估模型对基础设施建设PPP项目全过程风险因素等级的划分，对于一级风险，不需特别注意，做好预案和一般防范工作即可；对于二级风险，应认真编写预案并做好一般防范工作，定期检查；对于三级风险，应结合项目具体情况注意发生概率和影响程度大的风险因素，并制订有针对性的应对措施；对于四级风险，需注意所有可能威胁到项目的风险因素，根据各种风险因素的具体情况设计风险发生后的处理流程，定期跟踪检查与评估；对于五级风险，必要时可停止项目运行，立刻进行全面检查与专项评估，改进后方可继续运行，如遇不可解决的风险因素，项目应终止。GA-BP神经网络风险评估模型对基础设施建设PPP项目全过程风险因素等级评估结果为中等偏高，整体风险水平处于三级到四级的，应对方案如下：

针对三级风险，应先确定发生概率和影响程度大的风险因素，即对于处于右上角深色区域的风险因素，采用风险缓解策略，通过降低风险因素发生概率及预期的影响程度来减轻项目风险水平，并找出诱发该风险因素的原因，从源头上消除或减小此类风险因素的发生概率，一旦风险因素发生，确定风险因素的影响程度，根据具体的风险因素应对策略制订方案，以减轻其造成的损失；然后处理处于浅色区域的风险因素，采用风险规避策略，更改或重新制订项目计划，减小风险因素发生概率或影响程度，加强政府部门和私营部门之间的交流和信任，增加项目所需资源、时间和人员，采用已有的对策解决所发生的风险事项；再处理处于左下角深色区域发生概率和影响程度都较小的风险因素，采用风险承受策略（酌情不更改项目计划），承担由其造成的不利后果。

针对四级风险，需注意到可能威胁到项目的风险因素，首先采用风险分担策略，参照UKAS数据库中每种类型PPP项目的风险分配图表/公式、项目的实际情况及具体的风险因素进行项目风险分担，合理分配风险，使有能力控制风险因素的一方承担风险，并将最终风险分配结果写入合同，尽量降低项目风险损失。然后，采用风险缓解策略，根据项目风险因素应对方案，按照其发生的轻重设计风险发生后的处理流程，定期跟踪检查与评估，减小风险因素的发生概率或影响程度。

7.2 项目各参与方风险应对建议

本节依据频次分析法与问卷调查法对基础设施建设PPP项目全过程风险因素等级评估结果及GA-BP神经网络风险评估模型对项目全过程风险因素等级评估结果，对于项目中存在的重点风险因素及项目各参与方需要重点关注的问题，给出具体的应对建议。

7.2.1 加强政府自身建设

在公私合作中，政府部门处于强势地位，无论是项目设计变更、审批和决策还是政府信用，都与政府自身紧密相关，这就造成了很多的不平衡。

1.政府部门应避免盲目承诺投资回报率

PPP项目一般涉及的金额比较大，建设周期相对较长，面临的风险难以预测，因而私营部门作为项目的直接操控者，在与政府部门谈判时，往往会要求较高的投资回报率，以补偿其所承担的较大风险。在实际中，政府部门为了提高业绩，希望PPP项目能够早日完成，再加上PPP项目一般由政府部门主导，而政府部门对市场的预测往往比较乐观，这就导致政府部门在与私营部门谈判时承诺的投资回报率过高。为了保证PPP项目建设顺利进行，政府部门应该避免盲目承诺投资回报率。

2.政府要转变角色

投资者、建设者、运营者的角色是政府部门长久以来对其自身的定位，但是从管理角度来看，在PPP项目中政府部门应该让自己从管理资产的角色中解脱开来，成为制度实施效果的监管者，配合私营部门建立相应的监管体系，使政府部门的能量得到最大发挥。不过，这种转变不是一蹴而就的，毕竟PPP模式在我国还处于初级的发展阶段，引入的时间还不是很长，实践经验还不是很充分，这在某种程度上阻碍了政府角色的改革和政府职能的转变。

3.营造一个清正廉洁的政治环境

不良的政治环境会造成很多的不良后果。清正廉洁政治环境的构建需要社会各界共同努力。

7.2.2 健全、完善与基础设施建设PPP项目相关的法律体系

在PPP项目中，法律体系的不统一、不健全、不完善，法律关系的不清晰以及相关法律实施力度的不够等，都会影响PPP项目的正常运行。统一、健全、完善的法律体系是PPP项目得以顺利实施的前提和保障。目前，有关PPP项目的法律存在很多问题，如文件完整性不强，不能适应PPP模式的发展

趋势，不利于PPP项目的推进，对于PPP运行过程中的诸多具体问题没有做出明确说明和指示，有些甚至并不适用于目前的PPP项目运作。而法律、政策的变动会弱化政府信用，导致私营部门在项目运作过程中支出成本增加、预期收益减少，进而减少社会资本参与投资的行为，制约PPP项目在基础设施建设领域的推广和应用。因此，健全、完善与基础设施建设PPP项目相关的法律体系，保持相关法律体系的稳定性，对于基础设施建设PPP项目的顺利实施具有重要作用。

1.建立健全、完善的法律体系，明确PPP项目流程与权责关系

一方面，要对现行的法律及相关政策、法规、制度进行梳理，找出有冲突的条款，对其进行修改，进一步完善PPP项目的实际操作流程及配套性法律，包括与政府采购、风险分担、价格机制、绩效评价以及退出机制等相关的内容。

另一方面，制定基础设施建设PPP项目的相关评价标准，地方政府结合地区的实际情况以及PPP项目相关法律，制定地方性法规，为地方政府在基础设施建设领域更好地应用PPP模式提供指导。

2.保持法律的稳定性

地方政府在根据实际情况制定相关地方法规时，应该把全国层面的PPP法律作为地方法规的制定基础。健全、稳定的法律体系，既能有效协调政府、社会资本和其他利益相关方的利益，又能有效发挥PPP模式的优势，保障基础设施建设PPP项目的成功实施。

3.建立统一的PPP项目法律政策管理机构

该机构主要负责以下工作：负责PPP项目法律政策指导，较好地对行业进行管理，积累行业中法律、政策变动失败的经验，完善法律体系；协调政府各部门之间的利益关系，统筹管理，提高政府的契约精神，减少法律、政策的变动，降低因法律、政策的变动对私营部门造成的损失，保证项目的顺利实施。

7.2.3 设计合理的风险分担机制

PPP项目风险因素较多，导致项目风险层出不穷，而政府部门与私营部门之间的关系直接决定了政府部门的主导地位。政府部门将PPP项目特许经营权授予私营部门后，私营部门理所当然地会认为自己获得了丰厚的回报，得到了政府税收和政策优惠，同时将本不属于私营部门的风险承担下来，这样一来，有能力控制风险的政府部门没有完成自身的使命，忽视了一些本来应该由政府部门承担或者双方承担的风险，私营部门承担过多的风险，导致项目成本增加、收益不足、项目停工等。合理的风险分担机制对于项目的成功实施发挥着重要的作用，对于双方合作的稳定发挥着重要的作用。

在PPP项目全过程，政府部门与私营部门应合理分配风险。双方应就风险分担机制达成一致，坚持7个关键的风险分担标准：当事人是否能够预见风险；当事人是否能够评估可能的风险后果；当事人是否能够控制风险的发生；当事人是否有能力管理风险；如果风险发生，当事人是否能够承受后果；当事人是否会从承担风险中受益；风险接受方收取的保险费是否被认为是合理的。规定双方的权利、责任及风险分担职责，做到及时发现风险、分配风险、解决风险。同时，政府部门应当做出承诺，主动承担应担的风险，促进合理的风险分配。政府部门和私营部门之间的信任沟通，能够增强协同主体间的凝聚力，推动项目顺利实施，使基础设施建设PPP项目产生更高的社会效益。

7.2.4 培养PPP项目专业人才

PPP项目涉及工程、融资、管理、经济、法律等诸多学科，它的广泛性显示出了它对人才要求的专业性。专业的PPP项目人才能够从科学的角度对项目进行管理，能够从全生命周期的角度构建PPP项目的运作框架。当前，虽然PPP项目在我国已经拓展至很多方面，然而随着国家的快速发展，基础设施建设的大力推进，PPP项目专业人才越加匮乏。具有扎实的理论基础和良好实践能力的人才，是我国当前需要重点培养的。另外，我国不仅要加强人才培养，还要做好人才引进工作。

7.2.5 设计合理的定价机制

PPP项目产品的价格和需求是一对"孪生兄弟"，两者既相互制约又相互促进。合理的公共产品定价对于刺激产品的需求有着至关重要的作用。公共产品的价格关系着政府部门、私营部门、公众、监督者等相关群体利益，因此定价要考虑各个方面，在各方利益诉求中寻找平衡点，既要保证投资者能够获得一定的回报，又要在公众的接受范围之内，使公众对公共服务感到满意。当价格低于市场水平时，政府就要通过政策扶持，如税收、财政补贴等形式，保证PPP项目顺利进行。当价格高于市场水平时，公众的利益就会受到损害，此时，政府应该采取强制措施，避免项目公司将损失转嫁到公众身上。

7.2.6　建立预警系统

PPP项目不仅涉及政府部门和私营部门的利益问题，还涉及公众利益，影响范围较广，因此，有必要建立PPP项目预警系统。PPP项目预警系统有助于各方采取措施，避免PPP项目失败。

总结整理以往PPP项目经验，建立失败知识库，制定PPP项目失败的判定方法和发展路径，根据与失败相关的控制条件，制成PPP项目预警系统的预警线。根据PPP项目所处的状态偏离预警线的程度发出预警信号。PPP项目预警系统是确定失败状态、发出预警信号的计算机信息模拟系统。PPP项目预警系统通过定性分析与定量分析相结合的方法有效进行预警分析，不仅可以对指标层以及准则层进行风险等级评判，也能对PPP项目面临的综合风险状况进行总体评价。PPP项目预警系统采用的系统分类模块应当全面化、系统化，并与失败度结合，这样就能够在预测报警中有效地传导信息，通过失败知识库，预警系统的效率和精度会越来越高。

7.2.7　构建基础设施建设PPP项目多元主体协同治理模式

政府部门和私营部门的协同治理模式，主要是为了降低政府部门和私营部门之间高额的交易成本，提高基础设施建设效率，减少建设管制"租金"和避免政企"合谋"。该模式主要包括层级监管机制和构建企业基础设施建设的战略联盟。政府部门和私营部门应基于自身资源进行优势互补，开展广泛的共同规划，实现两者之间的利益最大化。在政府—企业协同治理模式中构建共同愿景，有利于保证政府部门和私营部门目标的一致性。一方面，政府通过政策制度以及行政法律约束私营部门基础设施建设的外部性行为，而私营部门将外部监管转化为内生约束机制。另一方面，利用资源再分配以及正向激励措施提高私营部门的基础设施建设能力。

PPP项目涉及政府、私营部门以及公众三方主体的利益，三方协同治理模式的形成和维护，是基础设施建设目标得以实现的基础。基础设施建设PPP项目顺利实施就是政府、私营部门以及公众三方互动协调的过程。在基础设施建设PPP项目实施过程中，重点是保证信息传递和反馈的畅通，通过有效地参与保障制度，实现信息流通，建立互信，并建立多重绩效考核标准的选择机制，这主要用于评估私营企业的融资能力和资金来源，同样重要的是评估企业能否在有一定收益的前提下革新技术、让利于民，这需要评估企业承担社会责任和履行社会责任的能力，如社会信誉、企业价值等。

搭建PPP项目统一管理平台，对所有的PPP项目按照项目性质、周期、所涉参与方进行分类管理，实现共性风险与特性风险分离。引进人才队伍，对不同类型项目进行有效的风险识别，规避风险。从整体上看，如果在PPP项目运行过程中有一个全国性的机构负责PPP项目的相关事务，会对PPP项目的发展产生积极的影响，建立一个推广和应用管理PPP项目的工作机构能够对行业进行较好的管理，积累行业的成功和失败经验，保证PPP项目顺利实施。专业的PPP项目统一管理平台能够从整个行业的角度监管项目的运行状况，为公众谋取更多福利，使PPP项目的建设跟上时代发展，促使政府部门、私营部门和公众等各利益相关者的利益最大化。

8 研究结论与展望

8.1 研究结论

  PPP模式有利于缓解政府财政支出压力，为城市基础设施建设形成可持续的资金投入机制，同时，有利于提高公共产品或服务的质量和供给效率。但是，由于PPP项目具有投资高、建设周期长、合同结构复杂、不确定性强、参与方众多、组织关系复杂等特征，PPP项目失败概率较大。本书对城市基础设施建设PPP项目全过程进行了风险识别、分析与评估。

  （1）本书主要采用文献研究法、案例分析法及德尔菲法构建项目风险指标体系，建立了包括7个一级指标和39个二级指标的城市基础设施建设PPP项目全过程风险评价体系；采用频次分析法确定项目风险因素发生概率，采用问卷调查法确定项目风险因素影响程度，两者加权平均，得到最终的项目风险因素等级水平量化值，并按其结果划分为5个等级。

  （2）研究结果发现，PPP项目全过程发生概率排名前5的风险因素是：政府信用风险，法律、政策变动风险，市场收益不足风险，项目审批延误风险以及项目唯一性风险。影响程度排名前5的风险因素是：项目设计经验不足风险、政府信用风险、融资困难风险、设计不当及变更风险以及公众反对风险。本书针对主要风险因素的特征及案例经验提出了应对措施。

  （3）构建GA-BP神经网络风险评估模型，对基础设施建设PPP项目全过程风险因素等级进行评估，结果表明，该模型用于风险等级评价是可行的，且对PPP项目全过程风险因素等级的评估结果为中等偏高。本书根据5个不同的项目风险因素等级制定了相应的措施；与传统的BP神经网络模型相比，GA-BP神经网络风险评估模型对风险因素等级的预测误差较小、稳定性更强。

（4）最后根据项目不同的风险因素等级制订了应对策略，并为项目各参与方提出了具体的应对建议。

8.2 研究展望

本书基于基础设施建设PPP项目风险管理有关研究文献及失败案例，建立了PPP项目全过程风险因素指标体系，采用GA-BP神经网络风险评估模型对风险因素进行评价，并给出了具体的应对策略，但是，由于笔者自身知识有限，本书还有一些不足之处：

（1）在建立城市基础设施建设PPP项目全过程风险因素指标体系时，一方面，由于本书研究的对象是全过程风险因素，对于全过程的划分较为主观，而且当前研究文献较少，仅仅总结归纳难免会出现风险指标不合理等情况；另一方面，在确定风险因素指标体系过程中，本书采用了德尔菲法等，因此所得结果很大程度上受专家主观意志的影响。

（2）本书使用频次分析法确定各风险因素的发生概率，采用问卷调查法获得各风险因素的影响程度，所获得的数据受样本量等影响，难免存在一定偏差。而在构建和测试GA-BP神经网络风险评估模型时，隐藏层神经元个数的获得及参数设置，存在一定的主观性。在今后的研究中，可以通过改进风险评价方法来使整个过程更加客观。

（3）基础设施建设PPP项目包含的种类较多，本书一定程度上未考虑各类PPP项目的差异性，今后应具体展开研究。

参考文献

［1］鲍真真.PPP轨道交通项目财务风险控制研究［J］. 商讯，2021（30）.

［2］陈凯凯.高速公路PPP项目工程造价中风险包干费的使用及管理问题探讨［J］. 工程建设与设计，2021（20）.

［3］陈柳钦.PPP：新型公私合作融资模式［J］. 建筑经济，2005（3）.

［4］陈胜波，于洁，刘永平，等. 基于可持续发展的城市轨道交通PPP项目风险管控机制研究［J］. 交通与运输，2021，34（S1）.

［5］陈晓.基于案例分析的PPP不成功项目失败历程及启示［J］. 建筑经济，2017，38（5）.

［6］陈艳利，冯凯昕.PPP项目融资风险评价与防范对策研究：基于S市城市快速路网的案例分析［J］. 中国资产评估，2021（9）.

［7］陈元，谢颖.基于物元可拓模型的基础设施PPP项目风险管理研究［J］. 山西建筑，2017，43（33）.

［8］陈悦华，张锐琪，李晓.基于GA-BP神经网络的中国既有建筑绿色改造风险评价研究［J］. 湖北农业科学，2020，59（8）.

［9］陈韵，戴菲，王鹏程，等. 老旧小区更新提升PPP项目风险评估体系构建及应用［J］. 住宅与房地产，2019（4）.

［10］代雨秀.PPP模式工程项目的全过程风险管理研究［D］. 成都：西南交通大学，2018.

［11］段新颖.PPP项目管理模式下的建筑工程风险管理措施［J］. 大众投资指南，2021（12）.

［12］范文红.PPP工程项目合同管理问题及建议［J］. 合作经济与科技，

2021（22）.

［13］方卉子.全生命周期视角的PPP项目风险管理研究［D］.南京：南京师范大学，2019.

［14］丰景春，张云华，薛松.水利基础设施领域公私合作伙伴项目全生命周期研究［J］.水利经济，2016，34（2）.

［15］冯健.PPP模式下城市轨道交通项目的风险管控研究［J］.中国市场，2021（32）.

［16］付锦宇.PPP项目融资模式风险分担研究［J］.商业文化，2021（1）.

［17］付凌云.江西建工集团PPP项目全过程风险管理的案例分析［D］.南昌：江西财经大学，2018.

［18］高华，马晨楠，张璇.PPP项目全生命周期财务风险测度与评价［J］.财会通讯，2021（18）.

［19］高华，孙琳镐.PPP项目投资风险等级评价研究［J］.建筑经济，2019，40（7）.

［20］高玉琴，张利昕，吴焕霞.改进GA-BP神经网络评价算法及其应用［J］.水利经济，2012，30（6）.

［21］何凤凤.基于PPP模式工程项目融资风险管理的思考［J］.中小企业管理与科技（上旬刊），2021（2）.

［22］何敏.公路工程造价在PPP模式下的管理研究［J］.财经界，2021（27）.

［23］侯嫚嫚.PPP交通基础设施项目运营期主要风险分析与分配［J］.施工技术，2017，46（24）.

［24］黄崇焕.全生命周期视角下的PPP项目风险识别及控制［J］.中国标准化，2017（4）.

［25］纪岚.公路工程项目运营中PPP与BOT两种投融资模式比较分析［J］.中国乡镇企业会计，2021（9）.

［26］贾广社，杨芳军，游锐，等.基于GA-BP的大型建设工程社会影响

评价指标体系研究［J］. 科技进步与对策，2010，27（19）.

［27］姜影，王茜，崔兴硕.基础设施PPP项目治理：契约治理、关系治理和正式制度环境［J］. 公共行政评论，2021，14（5）.

［28］柯永建，王守清，陈炳泉.基础设施PPP项目的风险分担［J］. 建筑经济，2008（4）.

［29］李金瑶.基于BIM技术在PPP项目实施过程中的应用研究［J］. 建材发展导向，2021，19（20）.

［30］李丽，丰景春，钟云，等.全生命周期视角下的PPP项目风险识别［J］. 工程管理学报，2016，30（1）.

［31］李明，李雪铭.基于遗传算法改进的BP神经网络在我国主要城市人居环境质量评价中的应用［J］. 经济地理，2007（1）.

［32］李悦光，郑弦，梁雄杰，等.公共文化类PPP项目建设期风险识别与防范对策研究：以柳州市柳东新区文化广场项目为例［J］. 项目管理技术，2019，17（2）.

［33］刘春梅.基于WBS-RBS的体育场馆PPP模式风险识别研究［J］. 体育科技文献通报，2021，29（11）.

［34］刘菁，杨天娇，殷帅.地下综合管廊PPP项目风险评价研究［J］. 工程经济，2019，29（10）.

［35］刘凯，张凡，刘城城，等.基于OWA-ER的城市地下综合管廊PPP项目融资风险评价［J］. 建筑经济，2021，42（S1）.

［36］刘李福，杜敏瑞.PPP项目资金使用效率评价研究：基于全周期视角［J］. 商业会计，2021（11）.

［37］刘亚雄.建筑施工企业PPP项目管理模式下的风险管理［J］. 四川水泥，2021（1）.

［38］刘占省，矫悦悦，刘习美，等.城市轨道交通PPP项目安全管理现状及对策研究［J］. 现代城市轨道交通，2021（10）.

［39］刘志.PPP模式在公共服务领域中的应用和分析［J］. 建筑经济，2005（7）.

［40］罗泽民，布优月.基于AHP-BORDA的地产项目风险管理研究：以绿都澜湾地产项目为例［J］.建筑经济，2020，41（S1）.

［41］罗泽民，布优月.基于灰色神经网络PGNN模型的建筑材料价格预测方法研究［J］.建筑经济，2020，41（10）.

［42］缪林，王豪.基于PPP项目的风险分配管理研究：以澳大利亚新南方铁路项目为例［J］.项目管理技术，2021，19（7）.

［43］倪艳.PPP项目融资风险的影响因素及对策探讨［J］.企业改革与管理，2021（13）.

［44］亓霞，柯永建，王守清.基于案例的中国PPP项目的主要风险因素分析［J］.中国软科学，2009（5）.

［45］齐东东.公共设施PPP项目融资的风险识别与评估［J］.建筑与预算，2021（9）.

［46］任志涛.中国特色的PPP项目可持续运行机制研究［M］.北京：经济科学出版社，2018.

［47］石全，王立欣，史宪铭，等.系统决策与建模［M］.北京：国防工业出版社，2016.

［48］石振武，宋莹琪，刘洁.基于Delphi-FANP的城市基础设施PPP项目风险评价［J］.土木工程与管理学报，2019，36（4）.

［49］史景明.交通施工企业基础设施PPP项目风险管理研究［J］.中小企业管理与科技（上旬刊），2021（1）.

［50］宋波，徐飞.公私合作制（PPP）研究：基于基础设施项目建设运营过程［M］.上海：上海交通大学出版社，2011.

［51］宋沛奇.PPP项目运作过程中的风险识别及管控［J］.交通财会，2021（4）.

［52］孙洁，马宇哲.我国中西部县域实施PPP模式的风险探究［J］.贵州财经大学学报，2019（2）.

［53］孙磊，陈建华，毛清清.不完全契约视角下PPP项目风险及对策分析：以某房建工程PPP项目为例［J］.住宅与房地产，2021（12）.

［54］谭雅妃.基于FAHP-Shapley值的水环境治理PPP项目风险分担研究［J］.上饶师范学院学报，2019，39（3）.

［55］唐伟.PPP项目融资管理及风险防范［J］.财会学习，2021（26）.

［56］汪振双，张家楠.城市建筑垃圾处理PPP项目融资风险评价研究［J］.项目管理技术，2019，17（1）.

［57］汪忠，黄瑞华.国外风险管理研究的理论、方法及其进展［J］.外国经济与管理，2005（2）.

［58］王露康.污水处理厂PPP项目运营风险评价指标体系构建分析［J］.价值工程，2019，38（32）.

［59］王姗，赵团结.PPP项目风险管理要点探析［J］.财务与会计，2019（2）.

［60］王帅，郝生跃.基于系统动力学的海绵城市PPP项目风险动态评价［J］.工程管理学报，2019，33（3）.

［61］王小川，史峰，郁磊，等.MATLAB神经网络43个案例分析［M］.北京：北京航空航天大学出版社，2013.

［62］王修武，杨学平，马伟，等.PPP项目工程变更管理研究［J］.建筑经济，2021，42（10）.

［63］王雅华.基于PPP模式的城市轨道交通项目风险识别研究［J］.河南科技，2018（25）.

［64］王盈盈，甘甜，王欢明.多主体视阈下的PPP项目运作逻辑：基于基础设施和公共服务项目的多案例研究［J］.公共行政评论，2021，14（5）.

［65］王盈盈，甘甜，王守清.走向协同：中国PPP管理体制改革研究［J］.经济体制改革，2021（3）.

［66］王钰莹，邹韬，龚斌锋.基于多级可拓的污水处理PPP风险评估［J］.水利科技与经济，2019，25（2）.

［67］望明明.PPP污水治理项目风险分担研究［J］.人民珠江，2019，40（2）.

［68］魏娜.基础设施建设PPP融资模式风险控制探讨［J］.会计师，2021

（8）.

［69］吴雨晴.基于ANP的PPP模式下水利工程项目承包商风险分析［D］.长沙：长沙理工大学，2018.

［70］武晓丽.基于PPP模式下的公路工程造价控制研究［J］.黑龙江交通科技，2021，44（10）.

［71］夏仕山.刍议PPP项目全生命周期融资管理［J］.现代商业，2021（28）.

［72］徐礼吏.基础设施领域PPP项目投资风险及对策研究［J］.中国市场，2021（11）.

［73］闫文周，张子茵.政府投资基金应用于PPP项目的决策过程［J］.工程管理学报，2020，34（6）.

［74］颜德义.基于全生命周期视角下的PPP项目风险识别及控制［J］.中小企业管理与科技（中旬刊），2021（8）.

［75］杨国亮.基于信任评价模型的PPP项目合作方选择决策分析［J］.水科学与工程技术，2021（5）.

［76］杨敏利，查博.基于GA-BP神经网络的专利技术产业化全过程评价研究［J］.科技进步与对策，2010，27（20）.

［77］杨松.基础设施PPP项目风险识别的实证研究［J］.中国集体经济，2021（31）.

［78］杨文宇.基础设施PPP项目的全生命周期动态风险管理探析［J］.项目管理技术，2010，8（6）.

［79］姚海星.PPP模式下高速公路风险评价研究［J］.四川水泥，2019（1）.

［80］姚玉月.公共设施PPP项目风险控制难点及对策［J］.建筑与预算，2021（8）.

［81］叶晓甦，徐春梅.我国公共项目公私合作（PPP）模式研究述评［J］.软科学，2013，27（6）.

［82］尹海滨.基于SEM的施工企业PPP项目风险因素及控制研究［J］.

青岛理工大学学报，2017，38（6）.

［83］尹诗，杨坚争.基于GA-BP模型的城市电子商务竞争力评价：以长三角国家电商示范城市为例［J］.科技管理研究，2018，38（20）.

［84］尹志军，陈立文，王双正，等.我国工程项目风险管理进展研究［J］.基建优化，2002（4）.

［85］有维宝，王建波，杨迪瀛，等.基于FPP和D-S证据理论的城市轨道交通PPP项目风险评估［J］.青岛理工大学学报，2019，40（1）.

［86］岳琪，温新.基于GA和BP神经网络的教学质量评价模型研究［J］.内蒙古大学学报（自然科学版），2018，49（2）.

［87］臧健.PPP项目全过程风险管理问题与对策：以LY建设集团为例［J］.建筑经济，2021，42（1）.

［88］张海福，张立.PPP模式下公路工程造价管理研究［J］.安徽建筑，2021，28（10）.

［89］张宏，裴耘.基于PPP模式的装配式建筑项目风险评估与分析［J］.工程研究：跨学科视野中的工程，2019，11（4）.

［90］张曼璐，尤建新，徐涛.城市轨道交通项目融资风险评估模型：基于FMEA-DEA的研究［J］.上海管理科学，2019，41（5）.

［91］张永礼，武建章.GA-BP神经网络模型在地区工业技术创新能力评价中的应用［J］.工业技术经济，2015，34（4）.

［92］张峥愈，马亮，吴松华，等.PPP项目的风险识别与分担［J］.经营与管理，2019（1）.

［93］张智鸿，钟姗姗.基于文献分析的PPP项目风险因子识别与权重确定方法［J］.价值工程，2019，38（30）.

［94］赵丹，赵延超，汪伦焰，等.城市地下综合管廊PPP项目融资风险评价研究［J］.人民长江，2018，49（9）.

［95］赵晔.我国PPP项目失败案例分析及风险防范［J］.地方财政研究，2015（6）.

［96］周小平.基于全生命周期视角的林业PPP项目财务测算分析［J］.

林业调查规划，2021，46（4）.

［97］朱琛，申建红，贾格淋，等. 关键风险因素作用下的综合管廊PPP项目投资可行性分析［J］. 财政科学，2021（8）.

［98］AHMAD U G, IBRAHIM Y, BAKAR A A. Risk management in the Malaysian public private partnership projects［J］. Jurnal Pengurusan, 2018, 54.

［99］AHMADABADI A A, HERAVI G. Risk assessment framework of PPP-megaprojects focusing on risk interaction and project success［J］. Transportation Research Part A: Policy and Practice, 2019, 124.

［100］AMEYAW E E, CHAN A P C. Evaluation and ranking of risk factors in public-private partnership water supply projects in developing countries using fuzzy synthetic evaluation approach［J］. Expert Systems with Applications, 2015, 42（12）.

［101］BENÍTEZ-ÁVILA C, HARTMANN A, DEWULF G, et al. Interplay of relational and contractual governance in public-private partnerships: The mediating role of relational norms, trust and partners' contribution［J］. International Journal of Project Management, 2018, 36.

［102］CHAN A P C, YEUNG J F Y, YU C C P, et al. Empirical study of risk assessment and allocation of public-private partnership projects in China［J］. Journal of Management in Engineering, 2011, 27.

［103］COLLINS B C, KUMRAL M. Game theory for analyzing and improving environmental management in the mining industry［J］. Resources Policy, 2020, 69.

［104］CUI C Y, LIU Y, HOPE A, et al. Review of studies on the public-private partnerships（PPP）for infrastructure projects［J］. International Journal of Project Management, 2018, 36（5）.

［105］DE SCHEPPER S, HAEZENDONCK E, DOOMS M. Understanding pre-contractual transaction costs for public-private partnership infrastructure projects［J］. International Journal of Project Management, 2015, 33（4）.

［106］GRIMSEY D, LEWIS M K. Evaluating the risks of public private partnerships for infrastructure projects［J］. International Journal of Project Management, 2002, 20（2）.

［107］HAN Q Y, ZHU Y M, KE G Y, et al. Public private partnership in brownfield remediation projects in China: Identification and structure analysis of risks［J］. Land Use Policy, 2019, 84.

［108］HERAVI G, HAJIHOSSEINI Z. Risk allocation in public-private partnership infrastructure projects in developing countries: Case study of the Tehran-Chalus toll road［J］. Journal of Infrastructure Systems, 2012, 18（3）.

［109］HWANG B G, ZHAO X B, GAY M J S. Public private partnership projects in Singapore: Factors, critical risks and preferred risk allocation from the perspective of contractors［J］. International Journal of Project Management, 2013, 31（3）.

［110］IYER K C, SAGHEER M. Hierarchical structuring of PPP risks using interpretative structural modeling［J］. Journal of Construction Engineering and Management-asce, 2010, 136.

［111］JENSEN R C, HANSEN H. Selecting appropriate words for naming the rows and columns of risk assessment matrices［J］. International Journal of Environmental Research and Public Health, 2020, 17（15）.

［112］JIN X H. Determinants of efficient risk allocation in privately financed public infrastructure projects in Australia［J］. Journal of Construction Engineering and Management, 2010, 136（2）.

［113］KEERS B B M, VAN FENEMA P C. Managing risks in public-private partnership formation projects［J］. International Journal of Project Management, 2018, 36（6）.

［114］KESHK A M, MAAROUF I, ANNANY Y. Special studies in management of construction project risks, risk concept, plan building, risk quantitative and qualitative analysis, risk response strategies［J］. Alexandria Engineering Journal,

2018, 57（4）.

[115] KUMAR L, JINDAL A, VELAGA N R. Financial risk assessment and modelling of PPP based Indian highway infrastructure projects [J]. Transport Policy, 2018, 62.

[116] LI J, ZOU P X W. Fuzzy AHP-based risk assessment methodology for PPP projects [J]. Journal of Construction Engineering and Management, 2011, 137（12）.

[117] LI B, AKINTOYE A, EDWARDS P J, et al. The allocation of risk in PPP/PFI construction projects in the UK [J]. International Journal of Project Management, 2005, 23（1）.

[118] LI Y, WANG X Y. Using fuzzy analytic network process and ISM methods for risk assessment of public-private partnership: A China perspective [J]. Journal of Civil Engineering and Management, 2019, 25（2）.

[119] LIANG Q X, HU H, WANG Z J, et al. A game theory approach for the renegotiation of public-private partnership projects in Chinese environmental and urban governance industry [J]. Journal of Cleaner Production, 2019, 238.

[120] LIANG Q X, HU H. Study on identification of spurious public-private partnership projects in China [J]. IEEE Transactions on Engineering Management, 2020, 67（2）.

[121] LIU J C, WEI Q S. Risk evaluation of electric vehicle charging infrastructure public-private partnership projects in China using fuzzy TOPSIS [J]. Journal of Cleaner Production, 2018, 189.

[122] LIU M, HE Y D, WANG J X, et al. Hybrid intelligent algorithm and its application in geological hazard risk assessment [J]. Neurocomputing, 2015, 149.

[123] LIU T Z, ZHANG H Y, ZHANG H B. The impact of social media on risk communication of disasters: A comparative study based on Sina weibo blogs related to tianjin explosion and typhoon Pigeon [J]. International Journal of Environmental Research and Public Health, 2020, 17（3）.

［124］LIU Y, HAO Y, LU Y L. Improved design of risk assessment model for PPP project under the development of marine architecture［J］. Journal of Coastal Research, 2018（83）.

［125］LOVE P E D, LIU J X, MATTHEWS J, et al. Future proofing PPPs: life-cycle performance measurement and building information modelling［J］. Automation in Construction, 2015, 56.

［126］MD NOOR N, YAHAYA N, VALIPOUR A, et al. A fuzzy analytic network process method for risk prioritization in freeway PPP projects: An Iranian case study［J］. Journal of Civil Engineering and Management, 2015, 21（7）.

［127］MOK K Y, SHEN G Q, YANG R J, et al. Investigating key challenges in major public engineering projects by a network-theory based analysis of stakeholder concerns: A case study［J］. International Journal of Project Management, 2017, 35（1）.

［128］MOORE M A, BOARDMAN A E, VINING A R. Analyzing risk in PPP provision of utility services: A social welfare perspective［J］. Utilities Policy, 2017, 48.

［129］ODEYINKA H A, LOWE J, KAKA A P. Artificial neural network cost flow risk assessment model［J］. Construction Management and Economics, 2013, 31（5）.

［130］PARKE R D, HARTLEY K. Transaction costs, relational contracting and public private partnerships: A case study of UK defence［J］. Journal of Purchasing and Supply Management, 2003, 9（3）.

［131］SASTOQUE L M, ARBOLEDA C A, PONZ J L. A proposal for risk allocation in social infrastructure projects applying PPP in Colombia［J］. Procedia Engineering, 2016, 145.

［132］SOUTH A, ERIKSSON K, LEVITT R, et al. How infrastructure public-private partnership projects change over project development phases［J］. Project Management Journal, 2018, 49（4）.

［133］SUN W, XU Y F. Financial security evaluation of the electric power industry in China based on a back propagation neural network optimized by genetic algorithm［J］. Energy, 2016, 101.

［134］THOMASSEN K, VASSBO S, SOLHEIM-KILE E, et al. Public-private partnership: Transaction costs of tendering［J］. Procedia Computer Science, 2016, 100.

［135］VALILA T. An overview of economic theory and evidence of public-private partnerships in the procurement of (transport) infrastructure［J］. Utilities Policy, 2020, 62.

［136］VALIPOUR A, SARVARI H, TAMOŠAITIENE J. Risk assessment in PPP projects by applying different MCDM methods and comparative results analysis［J］. Administrative Sciences, 2018, 8（4）.

［137］WU Y N, LI L W Y, XU R H, et al. Risk assessment in straw-based power generation public-private partnership projects in China: A fuzzy synthetic evaluation analysis［J］. Journal of Cleaner Production, 2017, 161.

［138］WU Y N, SONG Z X, LI L W Y, et al. Risk management of public-private partnership charging infrastructure projects in China based on a three-dimension framework［J］. Energy, 2018, 165.

［139］WU Y N, ZHANG T, CHEN K F, et al. A risk assessment framework of seawater pumped hydro storage project in China under three typical public-private partnership management modes［J］. Journal of Energy Storage, 2020, 32.

［140］XUE Y X, WANG G B. Analyzing the evolution of cooperation among different parties in river water environment comprehensive treatment public-private partnership projects of China［J］. Journal of Cleaner Production, 2020, 270.

［141］YAN F, LIN Z B, WANG X Y, et al. Evaluation and prediction of bond strength of GFRP-bar reinforced concrete using artificial neural network optimized with genetic algorithm［J］. Composite Structures, 2017, 161.

［142］ZAJI A H, BONAKDARI H, KHAMENEH H Z, et al. Application of optimized artificial and radial basis neural networks by using modified genetic algorithm on discharge coefficient prediction of modified labyrinth side weir with two and four cycles [J]. Measurement, 2020, 152.

[143] ZHANG L, SUN X J, XUE H. Identifying critical risks in sponge city PPP projects using DEMATEL method: A case study of China [J]. Journal of Cleaner Production, 2019, 226.

附　录

附录A

部分基础设施建设PPP项目失败案例

基础设施建设PPP项目失败案例

序号	案例名称
1	巴基斯坦M9高速公路项目
2	保加利亚Trakia高速公路项目
3	加蓬共和国交通运输项目
4	泰国曼谷高架道路及轨道系统项目
5	印度尼西亚雅加达外环路项目
6	匈牙利M3、M30收费公路项目
7	匈牙利M7收费公路项目
8	罗马尼亚AI高速公路第一段皮特什蒂—布加勒斯特公路项目
9	阿根廷收费公路项目
10	美国加州91号快速路项目
11	英国伦敦地下交通项目
12	匈牙利M1、M5收费公路项目
13	英国苏格兰斯凯桥项目
14	英法海底隧道项目
15	加拿大爱德华王子岛—新不伦瑞克联邦大桥项目
16	加拿大407公路项目
17	英国英格兰铁路货运项目

序号	案例名称
18	英国车辆租赁公司项目
19	英国皇家码头项目
20	荷兰任仕达隧道项目
21	希腊雅典新机场项目
22	越南跨海大桥项目
23	英国伯明翰北部公路项目
24	德国罗斯托克瓦诺隧道项目
25	哥伦比亚电力项目
26	日本公用设施项目
27	印度大博电厂项目
28	墨西哥国家电信项目
29	土耳其公用设施项目
30	澳大利亚电力项目
31	哥伦比亚机场项目
32	墨西哥高速公路项目
33	西班牙—法国跨境高铁PPP项目
34	厄瓜多尔公路项目

附录B

基础设施建设PPP项目全过程风险因素重要性调查问卷

尊敬的专家：

您好，非常感谢您于百忙之中参与此次问卷调查！

政府和社会资本合作（Public-Private Partnership，PPP）模式被认为是能够满足基础设施需求、减轻政府财政压力、提高项目运行效率的有利选择，但其本身具有的规模大、投资多、合同结构复杂、不确定性大、回收期长、组织关系复杂等特点，会直接影响项目的顺利进行。本问卷旨在获得各位专家对城市基础设施建设PPP项目潜在风险因素重要性的意见。本次调查仅用于学术研究，我们将严格保密所有信息。

再次感谢您的帮助与大力支持！

一、背景信息

1.您个人的工作性质？（　　　）

A.研究人员　　　　　B.管理人员　　　　　C.实操人员

2.您所在单位的性质？（　　　）

A.科研机构　　　　B.政府部门　　　　C.国有企业　　　　D.私有企业

3.您从事基础设施建设PPP项目相关工作或研究的年限？（　　　）

A.5年及5年以下　　　　　　　　B.6～10年

C.11～15年　　　　　　　　　　D.15年以上

4.您参与或研究过的PPP项目属于以下（　　　）基础设施建设项目。（多选）

A.供水供暖　　　B.污水处理　　　C.垃圾处理　　　D.地下综合管廊

E.公路铁路　　　F.机场　　　　　G.城市轨道交通　　H.其他

二、风险因素释义表

PPP项目风险因素分类及其释义

一级指标	二级指标	释义
准备阶段风险	项目设计经验不足风险	由于PPP模式比较新，政府和特许公司缺乏项目经验，导致后续工作开展困难
	项目审批延误风险	PPP项目的审批流程太复杂，耗时太长，成本太高，导致项目审批延误
	设计用地获批使用风险	由于环境评估困难、土地征用成本高昂等，设计用地获批受到阻碍
采购阶段风险	合同文件冲突、不完备风险	合同中存在的模糊条款和争议，如风险分担问题、责任分配问题等，造成项目实施受阻，合同体系、风险框架等存在极大问题，影响项目后续工作的展开

一级指标	二级指标	释义
采购阶段风险	私营投资者、特许经营者变动风险	联盟成员之间的争端造成的特许权公司重组，特许权公司模式变更或特许期缩短，从而影响项目的正常运营
	第三方（分包商、供应商）违约或延误风险	第三方包括但不限于承包商、施工监理方、设备供应商和操作维护人员等，违约或延误给项目带来极大的损害
	招标竞争不充分风险	PPP项目招标体系科学性不强，低效率、低质量招标使得项目建设周期延长、成本增加
	投标竞争不充分风险	投标阶段竞争不足导致不能匹配到更好的合作伙伴，影响后续工作的开展
融资阶段风险	融资困难风险	项目融资能力不足、融资渠道不畅、融资结构不合理、融资程序烦琐造成融资困难，难以在期限内完成融资，直接导致项目资金链断裂，甚至使工程停工
	项目对投资者的吸引性不足风险	高融资成本导致投资诱因不足，造成项目资金不足
建设阶段风险	设计不当及变更风险	项目设计存在缺陷、不合理等导致工程变更，进而直接导致工期延长及成本增加
	财务风险	项目资金回收不足，难以控制成本，投资回报率低下
	工程管理能力不足风险	工程管理水平及管理者能力水平低下，资源配置无法满足项目建设需求，造成PPP项目管理混乱和低效
	土地拆迁及补偿风险	土地拆迁成本高，政府补偿不足，导致项目成本超支
	施工工期延误风险	不能在约定工期内完成项目建设，导致项目成本增加
	工程质量风险	合同参数过多，导致项目质量存在缺陷，影响项目功能
	施工安全风险	项目存在安全隐患，施工过程中安全措施不到位，员工安全意识薄弱，造成安全事故
	环保风险	人们对于环境的要求越来越高，因此社会公众或者社会监督部门要求提高项目环境保护标准，这直接导致项目工期延长和项目成本提高，以及一系列谈判问题，最终可能导致项目失败
	施工技术风险	采用的施工技术不成熟或不能满足预定的标准和要求，使得该项目的实用性差等
	工程成本超支风险	由于经济、政治、技术等原因，项目的实际造价高于预期，导致资金周转困难

一级指标	二级指标	释义
建设阶段风险	气候、地质条件限制风险	地质条件限制、气候恶劣及其他不可预测性情况影响项目施工，造成项目成本增加
	不可抗力风险	指不可抵抗的客观情况，签约时要预测、避免和克服不可抗力风险
	劳、资、材料供应风险	劳动力、资金及符合标准的材料（设备）供应不足，影响项目开展
	配套设备服务提供不足风险	项目相关基础设施不到位、不符合标准，服务供应不足等，使得项目无法按期进行，影响项目建设工期
	组织协调沟通风险	各参与方、各职能部门和项目成员沟通不畅，面临再次协调的困难，影响项目组织的正常运行
	政府监管不足风险	信息不对称导致政府监管不到位，以及缺乏有效的绩效监测和评估
运营阶段风险	运营、维护、管理能力不善风险	项目运营、维护、管理水平不足，导致运维低效及成本增加
	项目唯一性风险	出现竞争性项目，导致项目收益难以达到预期
	市场变化风险	宏观环境等发生变化，影响项目收益
	市场收益不足风险	项目收费水平与市场水平不一致，弹性较差，导致项目营利渠道变窄，投资收益不能满足项目运营要求
移交阶段风险	残值风险	项目的资产剩余价值小于目标值，影响项目的持续运营
	维修成本超支风险	设备、技术等资源的过度使用导致项目清洁、维修等费用过高，损害了公共部门的利益
	技术设备不达标风险	设备完好率不符合要求，设备的损耗和折旧不满足预先约定
	移交资产不合规风险	移交资产可使用年限不符合要求，质量存在极大问题，影响后续使用
贯穿全过程风险	政府信用风险	政府官员换届或政策性问题，致使与本届政府签订的合同在下一届政府不能被很好地贯彻和履行，甚至出现中止的情况，危害项目建设和运营
	法律、政策变动风险	原法律有不合理的地方或政府宏观调控引起法律政策变动，导致项目利益受损
	公众反对风险	公众利益受损造成社会公众反对，可能致使项目中止

续表

一级指标	二级指标	释义
贯穿全过程风险	通货膨胀风险	因市场上流通的货币数量大于实际经济需求而造成货币贬值及物价水平上涨，物价水平上涨导致通胀回落和货币购买力直接增长，造成PPP项目建设和运营成本增加
	汇率、利率变动风险	社会外部环境发生变化引起的利率变化导致项目投资增加；汇率变动导致货币贬值时项目的投入成本增加，增加了PPP项目投资的难度，导致外资企业投资项目或进口设备成本增加，进而引起项目收益变化

三、风险评估量表

以下是关于城市基础设施建设PPP项目的39项风险评价指标，请您就这些因素的重要性进行打分。本问卷采用李克特五级量表，各级含义表示如下：1=低，2=较低，3=一般，4=较高，5=高。请在对应分数下面打"√"。

风险评估量表

分类	风险因素	1	2	3	4	5
准备阶段	项目设计经验不足风险					
	项目审批延误风险					
	设计用地获批使用风险					
采购阶段	合同文件冲突、不完备风险					
	私营投资者/特许经营者变动风险					
	第三方（分包商、供应商）违约或延误风险					
	招标竞争不充分风险					
	投标竞争不充分风险					
融资阶段	融资困难风险					
	项目对投资者的吸引性不足风险					

分类	风险因素	1	2	3	4	5
建设阶段	设计不当及变更风险					
	财务风险					
	工程管理能力不足风险					
	土地拆迁及补偿风险					
	施工工期延误风险					
	工程质量风险					
	施工安全风险					
	环保风险					
	施工技术风险					
	工程成本超支风险					
	气候、地质条件限制风险					
	不可抗力风险					
	劳、资、材料供应风险					
	配套设备服务提供不足风险					
	组织协调沟通风险					
	政府监管不足风险					
运营阶段	运营、维护、管理能力不善风险					
	项目唯一性风险					
	市场变化风险					
	市场收益不足风险					
移交阶段	残值风险					
	维修成本超支风险					
	技术设备不达标风险					
	移交资产不合规风险					
贯穿全过程	政府信用风险					
	法律、政策变动风险					
	公众反对风险					
	通货膨胀风险					
	汇率、利率变动风险					

四、开放性问题

1.对于上述风险因素，您关注的重点指标有哪些？有何优化建议或意见？

2.请结合工作经验和相关PPP学习经验，谈谈您对城市基础设施建设PPP项目全过程风险管理的看法和意见。

附录C

国家发展改革委关于开展政府和社会资本合作的指导意见

发改投资〔2014〕2724号

各省、自治区、直辖市及计划单列市、新疆生产建设兵团发展改革委：

为贯彻落实《国务院关于创新重点领域投融资机制 鼓励社会投资的指导意见》（国发〔2014〕60号）有关要求，鼓励和引导社会投资，增强公共产品供给能力，促进调结构、补短板、惠民生，现就开展政府和社会资本合作提出如下指导意见。

一、充分认识政府和社会资本合作的重要意义

政府和社会资本合作（PPP）模式是指政府为增强公共产品和服务供给

能力、提高供给效率，通过特许经营、购买服务、股权合作等方式，与社会资本建立的利益共享、风险分担及长期合作关系。开展政府和社会资本合作，有利于创新投融资机制，拓宽社会资本投资渠道，增强经济增长内生动力；有利于推动各类资本相互融合、优势互补，促进投资主体多元化，发展混合所有制经济；有利于理顺政府与市场关系，加快政府职能转变，充分发挥市场配置资源的决定性作用。

二、准确把握政府和社会资本合作的主要原则

（一）转变职能，合理界定政府的职责定位。开展政府和社会资本合作，对转变政府职能、提高管理水平提出了更高要求。政府要牢固树立平等意识及合作观念，集中力量做好政策制定、发展规划、市场监管和指导服务，从公共产品的直接"提供者"转变为社会资本的"合作者"以及PPP项目的"监管者"。

（二）因地制宜，建立合理的投资回报机制。根据各地实际，通过授予特许经营权、核定价费标准、给予财政补贴、明确排他性约定等，稳定社会资本收益预期。加强项目成本监测，既要充分调动社会资本积极性，又要防止不合理让利或利益输送。

（三）合理设计，构建有效的风险分担机制。按照风险收益对等原则，在政府和社会资本间合理分配项目风险。原则上，项目的建设、运营风险由社会资本承担，法律、政策调整风险由政府承担，自然灾害等不可抗力风险由双方共同承担。

（四）诚信守约，保证合作双方的合法权益。在平等协商、依法合规的基础上，按照权责明确、规范高效的原则订立项目合同。合同双方要牢固树立法律意识、契约意识和信用意识，项目合同一经签署必须严格执行，无故违约必须承担相应责任。

（五）完善机制，营造公开透明的政策环境。从项目选择、方案审查、伙伴确定、价格管理、退出机制、绩效评价等方面，完善制度设计，营造良好政策环境，确保项目实施决策科学、程序规范、过程公开、责任明确、稳妥推进。

三、合理确定政府和社会资本合作的项目范围及模式

（一）项目适用范围。PPP模式主要适用于政府负有提供责任又适宜市场化运作的公共服务、基础设施类项目。燃气、供电、供水、供热、污水及垃圾处理等市政设施，公路、铁路、机场、城市轨道交通等交通设施，医疗、旅游、教育培训、健康养老等公共服务项目，以及水利、资源环境和生态保护等项目均可推行PPP模式。各地的新建市政工程以及新型城镇化试点项目，应优先考虑采用PPP模式建设。

（二）操作模式选择。

1.经营性项目。对于具有明确的收费基础，并且经营收费能够完全覆盖投资成本的项目，可通过政府授予特许经营权，采用建设—运营—移交（BOT）、建设—拥有—运营—移交（BOOT）等模式推进。要依法放开相关项目的建设、运营市场，积极推动自然垄断行业逐步实行特许经营。

2.准经营性项目。对于经营收费不足以覆盖投资成本、需政府补贴部分资金或资源的项目，可通过政府授予特许经营权附加部分补贴或直接投资参股等措施，采用建设—运营—移交（BOT）、建设—拥有—运营（BOO）等模式推进。要建立投资、补贴与价格的协同机制，为投资者获得合理回报积极创造条件。

3.非经营性项目。对于缺乏"使用者付费"基础、主要依靠"政府付费"回收投资成本的项目，可通过政府购买服务，采用建设—拥有—运营（BOO）、委托运营等市场化模式推进。要合理确定购买内容，把有限的资金用在刀刃上，切实提高资金使用效益。

（三）积极开展创新。各地可以根据当地实际及项目特点，积极探索、大胆创新，通过建立合理的"使用者付费"机制等方式，增强吸引社会资本能力，并灵活运用多种PPP模式，切实提高项目运作效率。

四、建立健全政府和社会资本合作的工作机制

（一）健全协调机制。按照部门联动、分工明确、协同推进等要求，与有关部门建立协调推进机制，推动规划、投资、价格、土地、金融等部门密切配合、形成合力，保障政府和社会资本合作积极稳妥推进。

（二）明确实施主体。按照地方政府的相关要求，明确相应的行业管理部门、事业单位、行业运营公司或其他相关机构，作为政府授权的项目实施机构，在授权范围内负责PPP项目的前期评估论证、实施方案编制、合作伙选择、项目合同签订、项目组织实施以及合作期满移交等工作。

（三）建立联审机制。为提高工作效率，可会同相关部门建立PPP项目的联审机制，从项目建设的必要性及合规性、PPP模式的适用性、财政承受能力以及价格的合理性等方面，对项目实施方案进行可行性评估，确保"物有所值"。审查结果作为项目决策的重要依据。

（四）规范价格管理。按照补偿成本、合理收益、节约资源以及社会可承受的原则，加强投资成本和服务成本监测，加快理顺价格水平。加强价格行为监管，既要防止项目法人随意提价损害公共利益、不合理获利，又要规范政府价格行为，提高政府定价、调价的科学性和透明度。

（五）提升专业能力。加强引导，积极发挥各类专业中介机构在PPP项目的资产评估、成本核算、经济补偿、决策论证、合同管理、项目融资等方面的积极作用，提高项目决策的科学性、项目管理的专业性以及项目实施效率。加强PPP相关业务培训，培养专业队伍和人才。

五、加强政府和社会资本合作项目的规范管理

（一）项目储备。根据经济社会发展需要，按照项目合理布局、政府投资有效配置等原则，切实做好PPP项目的总体规划、综合平衡和储备管理。从准备建设的公共服务、基础设施项目中，及时筛选PPP模式的适用项目，按照PPP模式进行培育开发。各省区市发展改革委要建立PPP项目库，并从2015年1月起，于每月5日前将项目进展情况按月报送国家发展改革委。

（二）项目遴选。会同行业管理部门、项目实施机构，及时从项目储备库或社会资本提出申请的潜在项目中筛选条件成熟的建设项目，编制实施方案并提交联审机制审查，明确经济技术指标、经营服务标准、投资概算构成、投资回报方式、价格确定及调价方式、财政补贴及财政承诺等核心事项。

（三）伙伴选择。实施方案审查通过后，配合行业管理部门、项目实施机构，按照《招标投标法》《政府采购法》等法律法规，通过公开招标、邀请招标、竞争性谈判等多种方式，公平择优选择具有相应管理经验、专业能力、融资实力以及信用状况良好的社会资本作为合作伙伴。

（四）合同管理。项目实施机构和社会资本依法签订项目合同，明确服务标准、价格管理、回报方式、风险分担、信息披露、违约处罚、政府接管以及评估论证等内容。各地可参考《政府和社会资本合作项目通用合同指南》，细化完善合同文本，确保合同内容全面、规范、有效。

（五）绩效评价。项目实施过程中，加强工程质量、运营标准的全程监督，确保公共产品和服务的质量、效率和延续性。鼓励推进第三方评价，对公共产品和服务的数量、质量以及资金使用效率等方面进行综合评价，评价结果向社会公示，作为价费标准、财政补贴以及合作期限等调整的参考依据。项目实施结束后，可对项目的成本效益、公众满意度、可持续性等进行后评价，评价结果作为完善PPP模式制度体系的参考依据。

（六）退出机制。政府和社会资本合作过程中，如遇不可抗力或违约事件导致项目提前终止时，项目实施机构要及时做好接管，保障项目设施持续运行，保证公共利益不受侵害。政府和社会资本合作期满后，要按照合同约定的移交形式、移交内容和移交标准，及时组织开展项目验收、资产交割等工作，妥善做好项目移交。依托各类产权、股权交易市场，为社会资本提供多元化、规范化、市场化的退出渠道。

六、强化政府和社会资本合作的政策保障

（一）完善投资回报机制。深化价格管理体制改革，对于涉及中央定价的PPP项目，可适当向地方下放价格管理权限。依法依规为准经营性、非经营性项目配置土地、物业、广告等经营资源，为稳定投资回报、吸引社会投资创造条件。

（二）加强政府投资引导。优化政府投资方向，通过投资补助、基金注资、担保补贴、贷款贴息等多种方式，优先支持引入社会资本的项目。合理分配政府投资资金，优先保障配套投入，确保PPP项目如期、高效投产运营。

（三）加快项目前期工作。联合有关部门建立并联审批机制，在科学论证、遵守程序的基础上，加快推进规划选址、用地预审、环评审批、审批核准等前期工作。协助项目单位解决前期工作中的问题和困难，协调落实建设条件，加快项目建设进度。

（四）做好综合金融服务。鼓励金融机构提供财务顾问、融资顾问、银团贷款等综合金融服务，全程参与PPP项目的策划、融资、建设和运营。鼓励项目公司或合作伙伴通过成立私募基金、引入战略投资者、发行债券等多种方式拓宽融资渠道。

七、扎实有序开展政府和社会资本合作

（一）做好示范推进。各地可选取市场发育程度高、政府负债水平低、社会资本相对充裕的市县，以及具有稳定收益和社会效益的项目，积极推进政府和社会资本合作，并及时总结经验、大力宣传，发挥好示范带动作用。国家发展改革委将选取部分推广效果显著的省区市和重点项目，总结典型案例，组织交流推广。

（二）推进信用建设。按照诚信践诺的要求，加强全社会信用体系建设，保障政府和社会资本合作顺利推进。政府要科学决策，保持政策的连续性和稳定性；依法行政，防止不当干预和地方保护；认真履约，及时兑现各类承诺和合同约定。社会资本要守信自律，提高诚信经营意识。

（三）搭建信息平台。充分利用并切实发挥好信息平台的桥梁纽带作用。可以利用现代信息技术，搭建信息服务平台，公开PPP项目的工作流程、评审标准、项目信息、实施情况、咨询服务等相关信息，保障信息发布准确及时、审批过程公正透明、建设运营全程监管。

（四）加强宣传引导。大力宣传政府和社会资本合作的重大意义，做好政策解读，总结典型案例，回应社会关切，通过舆论引导，培育积极的合作理念，建立规范的合作机制，营造良好的合作氛围，充分发挥政府、市场和社会资本的合力作用。

开展政府和社会资本合作是创新投融资机制的重要举措，各地要高度重视，切实加强组织领导，抓紧制定具体的政策措施和实施办法。各级发展改革部门要按照当地政府的统一部署，认真做好PPP项目的统筹规划、综合协调等工作，会同有关部门积极推动政府和社会资本合作顺利实施。

国家发展改革委

2014年12月2日

附录D

关于规范政府和社会资本合作（PPP）综合信息平台运行的通知

财金〔2015〕166号

各省、自治区、直辖市、计划单列市财政厅（局），新疆生产建设兵团财务局：

　　为贯彻落实《国务院办公厅转发财政部　发展改革委　人民银行关于在公共服务领域推广政府和社会资本合作模式指导意见的通知》（国办发〔2015〕42号）精神，财政部开发建设了政府和社会资本合作（Public-Private Partnership，PPP）综合信息平台。现将有关事宜通知如下：

　　一、充分认识综合信息平台建设的重要意义

　　（一）综合信息平台是全国PPP项目信息的管理和发布平台。各级财政部门可依托互联网通过分级授权，在信息管理平台上实现项目信息的填报、审核、查询、统计和分析等功能；在信息发布平台上发布PPP项目相关信息，分享PPP有关政策规定、动态信息和项目案例。综合信息平台按照项目库、机构库和资料库实行分类管理，项目库用于收集和管理全国各级PPP储备项目、执行项目和示范项目信息，包括项目全生命周期各环节的关键信息；机构库用于收集和管理咨询服务机构与专家、社会资本、金融机构等参与方信息；资料库用于收集和管理PPP相关政策法规、工作动态、指南手册、培训材料和经典案例等信息。

　　（二）开发建设综合信息平台旨在促进PPP市场科学、规范和可持续发展。通过综合信息平台，高效利用现代信息技术、社会数据资源和社会化的信息服务，可以降低行政监管成本和市场交易成本，提高经济社会运行效率；政府可以充分获取和运用信息，加强服务质量、成本和价格监管，提升国家治理能力；可以保障公众知情权，加强社会监督，对PPP项目参与各方形成有效监督和约束，确保实现公共利益最大化。

二、认真做好综合信息平台运行各项工作

（三）统一授权分级录入项目库信息。地方各级财政部门要按照PPP项目操作流程，做好本地区PPP项目各阶段信息填报、资料上传与管理工作。原则上，经地方各级财政部门会同相关部门评估、筛选的潜在PPP项目基本信息，均应录入综合信息平台。中央部门拟作为实施机构的PPP项目，由财政部统一评审录入项目信息。经省级财政部门审核满足上报要求的，由省级财政部门提交，列为储备项目；编制项目实施方案，通过物有所值评价、财政承受能力论证，并经本级政府审核同意的，列为执行项目；通过中央或省级财政部门评审并列为中央或省级示范的项目，列为示范项目。在项目开发和实施过程中，有咨询服务机构、社会资本方等采购需求的，可填写项目招商信息，经省级财政部门审核后上报。2016年1月15日前，地方各级财政部门要会同相关部门完成现有PPP项目信息的录入、上报工作。

（四）统筹集中录入机构库和资料库信息。PPP项目库中各项目所包含的咨询服务机构、社会资本、金融机构等信息，直接进入机构库，财政部PPP中心与地方各级财政部门可根据需要补充录入各类机构信息。财政部PPP中心负责资料库的管理和维护工作，收集、录入和管理PPP相关政策法规、工作动态、指南手册、培训材料、经典案例等信息。

（五）规范发布和使用综合信息。财政部PPP中心按照财政部PPP工作领导小组工作部署和信息披露相关要求，做好PPP项目库、机构库和资料库信息发布工作。对于PPP项目基础信息，以及PPP项目政府采购资格预审公告、采购文件、确认谈判备忘录、预中标或成交结果、项目合同文本、中标或成交结果等采购信息，综合信息平台与中国政府采购网实现信息共享。各省、市、县级财政部门、行业主管部门、实施机构、社会资本、咨询服务机构、金融机构、专家、公众等用户，可通过互联网在线访问、查询PPP相关信息。

三、构建激励相容的工作保障机制

（六）加强组织领导。地方各级财政部门要高度重视综合信息平台建设工作，广泛动员和联合相关部门做好本级PPP项目的筛选识别，信息收集、录入和审核工作，加强统筹协调，积极创造条件，确保综合信息平台顺利运行。省级财政部门要做好本级PPP项目信息录入、上报工作，并负责所辖市县项目信息的审核与上报工作。财政部PPP中心统筹负责项目库、机构库和资料库的建设与管理，并做好信息发布工作。财政部信息网络中心和地方各级财政信息技术部门负责技术保障。

（七）建立对口联系人和季报制度。地方各级财政部门要建立对口联系人制度，指定专人负责综合信息平台建设，及时收集、汇总、录入PPP项目信息。建立PPP项目信息季报制度，省级财政部门要在每季度第一个月10日前，向财政部PPP工作领导小组办公室（金融司）报送上一季度PPP项目进展情况，并抄送财政部PPP中心。

（八）建立综合信息平台建设奖惩挂钩机制。原则上，国家级和省级示范项目、各地PPP年度规划和中期规划项目均需从综合信息平台的项目库中筛选和识别。未纳入综合信息平台项目库的项目，不得列入各地PPP项目目录，原则上不得通过财政预算安排支出责任。

为规范综合信息平台运行，财政部制定了《政府和社会资本合作（PPP）综合信息平台运行规程》（见附件），请严格执行。地方各级财政部门要对PPP项目信息严把入口关，确保项目信息真实、及时、规范；省级财政部门要严把审查关，履行好监督管理职责，确保上报项目信息真实、合规；财政部PPP中心要严把统筹关，全面审查各项目信息，保证对外发布信息真实、有效。

财政部

2015年12月18日

附件：

政府和社会资本合作（PPP）综合信息平台运行规程

第一章　总　则

第一条　为贯彻落实《国务院办公厅转发财政部　发展改革委　人民银行关于在公共服务领域推广政府和社会资本合作模式指导意见的通知》（国办发〔2015〕42号）和《国务院办公厅关于运用大数据加强对市场主体服务和监管的若干意见》（国办发〔2015〕51号）精神，提升全国政府和社会资本合作（Public-Private Partnership，PPP）工作管理信息化水平，财政部建立PPP综合信息发布平台，制定本规程。

第二条　PPP综合信息平台用于收集、管理和发布国家PPP政策、工作动态、项目信息等内容，推动项目实施的公开透明、有序竞争，提高政府运用PPP大数据，增强政府服务和监管PPP工作的水平与效率。

第三条　中央、省、市、县级财政部门参与PPP综合信息平台进行的系统运行、维护和管理，适用本规程。

第二章　PPP综合信息平台内容

第四条　PPP综合信息平台应遵照《国务院办公厅转发财政部　发展改革委　人民银行关于在公共服务领域推广政府和社会资本合作模式指导意见的通知》（国办发〔2015〕42号）、《关于印发政府和社会资本合作模式操作指南（试行）的通知》（财金〔2014〕113号）、《关于印发〈政府和社会资本合作项目政府采购管理办法〉的通知》（财库〔2014〕215号）、《财政部关于印发〈政府采购竞争性磋商采购方式管理暂行办法〉的通知》（财库〔2014〕214号）、《财政部关于印发〈政府和社会资本合作项目财政承受能力论证指引〉的通知》（财金〔2015〕21号）等政策要求，收集、管理和发布PPP项目信息，保证项目实施公开透明。

第五条　PPP综合信息平台由财政部PPP工作领导小组办公室委托财政部PPP中心组织开发，由财政部PPP中心和信息网络中心共同承担运行和管理工作，共包括PPP信息发布平台和PPP信息管理平台两大部分。

PPP信息发布平台以外网形式对社会发布PPP政策法规、工作动态、PPP项目库、PPP项目招商与采购公告以及知识分享等信息。网址为http://www.cpppc.org。

PPP信息管理平台为内部管理平台，用于对全国PPP项目进行跟踪、监督，为开展PPP工作或开发实施PPP项目提供技术支持，具体包括PPP项目库、机构库和资料库，具有录入、查询、统计和用户管理等功能。

第六条　财政部PPP中心负责PPP信息发布平台和PPP信息管理平台下的机构库（咨询服务机构与专家、金融机构等）和资料库的运行、维护和管理。

第七条　省、市、县级财政PPP业务部门和信息技术部门需配合财政部PPP中心维护和管理PPP信息管理平台下的项目库。项目库是PPP综合信息平台的核心组成部分，包含储备库、执行库和示范库三个子库。由各级财政部门会同相关部门评估、筛选的PPP项目，基本信息均应录入PPP综合信息平台。经省级财政部门审核满足上报要求的，列为储备项目。编制项目实施方案，通过物有所值评价、财政承受能力论证，并经本级政府审核同意的，列为执行项目。通过中央或省级财政部门评审并列为中央或省级示范项目的，列为示范项目。在项目开发实施过程中，有咨询服务机构、社会资本方采购需求的，可填写项目招商信息，经省级财政部门审核后上报。

所有PPP项目必须列入项目库。省、市、县级财政部门应与相关部门密切沟通，保证符合条件的项目及时、准确、规范、完整列入项目库。

第八条　省、市、县级财政部门要按照财政部PPP中心统一制定的数据规范与要求，录入本级PPP项目的基本信息，以及项目识别、准备、采购、执行和移交阶段的信息。中央部门拟作为实施机构的PPP项目，由财政部统一评审录入项目信息。

第九条 财政部PPP中心和信息网络中心应保障PPP综合信息平台的运行、推广和升级完善。省、市、县级财政部门可根据需要开发符合自身需求的个性化功能模块，建立地方PPP信息平台，但应当与PPP综合信息平台进行实时数据对接，保证数据规范一致。

PPP综合信息平台应与预算管理、政府采购、政府债务管理等信息系统开放共享。

第十条 中央和省、市、县级财政PPP业务部门和信息技术部门应为PPP综合信息平台的应用、运行、维护和管理提供保障，建立健全内部管理制度，落实岗位责任制和领导负责制，合理安排岗位人员，加强管理和风险防范。

第三章 用户管理

第十一条 中央、省、市、县级财政部门、行业主管部门、实施机构、社会资本、咨询服务机构、金融机构、专家、公众等用户，可通过互联网在线访问、查询公开信息。

第十二条 在PPP综合信息平台初始阶段，财政部PPP中心为省、市、县级财政部门用户生成一个管理员账户。省、市、县级财政部门如需新增账户，可根据内部管理制度，给新增账户开设与其权限匹配的账户，以方便数据和资料上传。

第十三条 为增强PPP综合信息平台的系统安全性，系统将按照财政部统一安全防护体系进行升级。

第四章 信息管理与应用

第十四条 各级财政部门通过PPP信息管理平台，可以管理本级及下级财政部门的PPP项目信息，即中央级可以管理全国各省、市、县PPP项目信息，各省级财政部门可以管理本省（区、市）各市、县PPP项目信息，各市、县级财政部门可以管理本市县PPP项目信息。

中央和省、市、县级财政部门要通过PPP综合信息平台，及时了解国家PPP工作政策、发展动态，特别是跟踪、监督所辖行政区域内PPP项目开发、执行情况，进行全生命周期管理。

第十五条　省级财政部门应对所辖市、县财政部门上报的项目信息和拟在 PPP 综合信息平台上发布的 PPP 项目招商信息进行合规性审核。

第十六条　中央和省、市、县级财政部门应积极实现数据共享，除共享 PPP 项目库信息外，要逐步实现机构库中咨询服务机构与专家、社会资本、金融机构等信息资源的共享，实现对机构库信息的全系统可识别、可跟踪，为将来利用大数据评价服务质量、建立信用体系夯实基础。对有需求的行业主管部门和实施机构，逐步实现数据共享。

第五章　监督检查

第十七条　财政部 PPP 中心和信息网络中心要保障 PPP 综合信息平台的安全运行，不断完善系统功能。

第十八条　上级财政部门应每季度对行政区域内 PPP 综合信息平台建设情况进行检查和考核。对系统应用情况较好、数据填报及时、数据质量高的地区，在制定、执行相关奖励政策时应予以优先考虑。

第十九条　省、市、县级财政部门在项目库中上传的 PPP 项目信息不真实、不准确、不规范、不完整的，将不予采用。原则上，国家级和省级示范项目、各地 PPP 年度规划和中期规划项目均需从 PPP 综合信息平台的项目库中筛选和识别。未纳入 PPP 综合信息平台项目库的项目，不得列入各地 PPP 项目目录，原则上不得通过预算安排支出责任。

第六章　附　　则

第二十条　本规程由财政部 PPP 工作领导小组办公室负责解释和修订。本规程自 2016 年 1 月 1 日起实施。

附录E

关于印发《政府和社会资本合作（PPP）项目绩效管理
操作指引》的通知

财金〔2020〕13号

各省、自治区、直辖市、计划单列市财政厅（局），新疆生产建设兵团财政局：

为规范政府和社会资本合作（PPP）项目全生命周期绩效管理工作，提高公共服务供给质量和效率，保障合作各方合法权益，我们制定了《政府和社会资本合作（PPP）项目绩效管理操作指引》，现印发给你们，请遵照执行。

附件：政府和社会资本合作（PPP）项目绩效管理操作指引

财政部

2020年3月16日

附件：

政府和社会资本合作（PPP）项目
绩效管理操作指引

第一章 总 则

第一条 为规范政府和社会资本合作项目（以下简称PPP项目）全生命周期绩效管理工作，提高公共服务供给质量和效率，保障合作各方合法权益，根据《中华人民共和国预算法》《中共中央 国务院关于全面实施预算绩效管理的意见》《国务院办公厅转发财政部 发展改革委 人民银行关于在公共服务领域推广政府和社会资本合作模式指导意见的通知》等有关规定，制定本指引。

第二条　PPP项目绩效管理是指在PPP项目全生命周期开展的绩效目标和指标管理、绩效监控、绩效评价及结果应用等项目管理活动。

第三条　项目实施机构应在项目所属行业主管部门的指导下开展PPP项目绩效管理工作，必要时可委托第三方机构协助。

各级财政部门负责PPP项目绩效管理制度建设、业务指导及再评价、后评价工作。

第四条　本指引适用于所有PPP项目，包括政府付费、可行性缺口补助和使用者付费项目。

第五条　各参与方应当按照科学规范、公开透明、物有所值、风险分担、诚信履约、按效付费等原则开展PPP项目全生命周期绩效管理。

第二章　PPP项目绩效目标与绩效指标管理

第六条　项目实施机构负责编制PPP项目绩效目标与绩效指标，报项目所属行业主管部门、财政部门审核。

第七条　PPP项目绩效目标包括总体绩效目标和年度绩效目标。总体绩效目标是PPP项目在全生命周期内预期达到的产出和效果；年度绩效目标是根据总体绩效目标和项目实际确定的具体年度预期达到的产出和效果，应当具体、可衡量、可实现。

PPP项目绩效目标编制应符合以下要求：

（一）指向明确。绩效目标应符合区域经济、社会与行业发展规划，与当地财政收支状况相适应，以结果为导向，反映项目应当提供的公共服务，体现环境–社会–公司治理责任（ESG）理念。

（二）细化量化。绩效目标应从产出、效果、管理等方面进行细化，尽量进行定量表述；不能以量化形式表述的，可采用定性表述，但应具有可衡量性。

（三）合理可行。绩效目标应经过调查研究和科学论证，符合客观实际，既具有前瞻性，又有可实现性。

（四）物有所值。绩效目标应符合物有所值的理念，体现成本效益的要求。

第八条 PPP项目绩效目标应包括预期产出、预期效果及项目管理等内容。

预期产出是指项目在一定期限内提供公共服务的数量、质量、时效等。

预期效果是指项目可能对经济、社会、生态环境等带来的影响情况，物有所值实现程度，可持续发展能力及各方满意程度等。

项目管理是指项目全生命周期内的预算、监督、组织、财务、制度、档案、信息公开等管理情况。

第九条 PPP项目绩效指标是衡量绩效目标实现程度的工具，应按照系统性、重要性、相关性、可比性和经济性的原则，结合预期产出、预期效果和项目管理等绩效目标细化量化后合理设定。

第十条 PPP项目绩效指标体系由绩效指标、指标解释、指标权重、数据来源、评价标准与评分方法构成。

指标权重是指标在评价体系中的相对重要程度。确定指标权重的方法通常包括专家调查法、层次分析法、主成分分析法、熵值法等。

数据来源是在具体指标评价过程中获得可靠和真实数据或信息的载体或途径。获取数据的方法通常包括案卷研究、资料收集与数据填报、实地调研、座谈会、问卷调查等。

评价标准是指衡量绩效目标完成程度的尺度。绩效评价标准具体包括计划标准、行业标准、历史标准或其他经相关主管部门确认的标准。

评分方法是结合指标权重，衡量实际绩效值与评价标准值偏离程度，对不同的等级赋予不同分值的方法。

第十一条 PPP项目绩效目标与绩效指标各阶段管理应符合以下要求：

（一）PPP项目准备阶段，项目实施机构应根据项目立项文件、历史资料，结合PPP模式特点，在项目实施方案中编制总体绩效目标和绩效指标体系并充分征求相关部门、潜在社会资本等相关方面的意见。财政部门应会同相关主管部门从依据充分性、设置合理性和目标实现保障度等方面进行审核。

（二）PPP项目采购阶段，项目实施机构可结合社会资本响应及合同谈判情况对绩效指标体系中非实质性内容进行合理调整。PPP项目绩效目标和指标体系应在项目合同中予以明确。

（三）PPP项目执行阶段，绩效目标和指标体系原则上不予调整。但因项目实施内容、相关政策、行业标准发生变化或突发事件、不可抗力等无法预见的重大变化影响绩效目标实现而确需调整的，由项目实施机构和项目公司（未设立项目公司时为社会资本，下同）协商确定，经财政部门及相关主管部门审核通过后报本级人民政府批准。

PPP项目移交完成后，财政部门应会同有关部门针对项目总体绩效目标实现情况，从全生命周期的项目产出、成本效益、物有所值实现情况、按效付费执行情况及对本地区财政承受能力的影响、监管成效、可持续性、PPP模式应用等方面编制绩效评价（即后评价）指标体系。

第十二条　项目公司（社会资本）对绩效目标或指标体系调整结果有异议的，可申请召开评审会，就调整结果的科学性、合理性、可行性等进行评审。双方对评审意见无异议的，按评审意见完善后履行报批程序；仍有异议的，按照合同约定的争议解决机制处理。

第十三条　编制政府付费和可行性缺口补助PPP项目年度支出预算时，应将年度绩效目标和指标连同编制的预算申报材料一并报送财政部门审核。使用者付费PPP项目参照执行。

第三章　PPP项目绩效监控

第十四条　项目实施机构应根据项目合同约定定期开展PPP项目绩效监控，项目公司（社会资本）负责日常绩效监控。

第十五条　PPP项目绩效监控是对项目日常运行情况及年度绩效目标实现程度进行的跟踪、监测和管理，通常包括目标实现程度、目标保障措施、目标偏差和纠偏情况等。

PPP项目绩效监控应符合以下要求：

（一）严格遵照国家规定、行业标准、项目合同约定，按照科学规范、真实客观、重点突出等原则开展绩效监控。重点关注最能代表和反映项目产出及效果的年度绩效目标与指标，客观反映项目运行情况和执行偏差，及时纠偏，改进绩效。

（二）项目实施机构应根据PPP项目特点，考虑绩效评价和付费时点，合理选择监控时间、设定监控计划，原则上每年至少开展一次绩效监控。

第十六条 PPP项目绩效监控工作通常按照以下程序进行：

（一）开展绩效监控。项目公司（社会资本）开展PPP项目日常绩效监控，按照项目实施机构要求，定期报送监控结果。项目实施机构应对照绩效监控目标，查找项目绩效运行偏差，分析偏差原因，结合项目实际，提出实施纠偏的路径和方法，并做好信息记录。

（二）反馈、纠偏与报告。项目实施机构应根据绩效监控发现的偏差情况及时向项目公司（社会资本）和相关部门反馈，并督促其纠偏；偏差原因涉及自身的，项目实施机构应及时纠偏；偏差较大的，应撰写《绩效监控报告》报送相关主管部门和财政部门。

第四章　PPP项目绩效评价

第十七条 项目实施机构应根据项目合同约定，在执行阶段结合年度绩效目标和指标体系开展PPP项目绩效评价。

财政部门应会同相关主管部门、项目实施机构等在项目移交完成后开展PPP项目后评价。

第十八条 PPP项目绩效评价应符合以下要求：

（一）严格按照规定程序，遵循真实、客观、公正的要求，采用定量与定性分析相结合的方法。

（二）结合PPP项目实施进度及按效付费的需要确定绩效评价时点。原则上项目建设期应结合竣工验收开展一次绩效评价，分期建设的项目应当结合各期子项目竣工验收开展绩效评价；项目运营期每年度应至少开展一次绩效评价，每3～5年应结合年度绩效评价情况对项目开展中期评估；移交完成后应开展一次后评价。

（三）绩效评价结果依法依规公开并接受监督。

第十九条 PPP项目绩效评价工作通常按照以下程序进行：

（一）下达绩效评价通知。项目实施机构确定绩效评价工作开展时间后，应至少提前5个工作日通知项目公司（社会资本）及相关部门做好准备和配合工作。

（二）制定绩效评价工作方案。项目实施机构应根据政策要求及项目实际组织编制绩效评价工作方案，内容通常包括项目基本情况、绩效目标和指标体系、评价目的和依据、评价对象和范围、评价方法、组织与实施计划、资料收集与调查等。项目实施机构应组织专家对项目建设期、运营期首次及移交完成后绩效评价工作方案进行评审。

（三）组织实施绩效评价。项目实施机构应根据绩效评价工作方案对PPP项目绩效情况进行客观、公正的评价。通过综合分析、意见征询，区分责任主体，形成客观、公正、全面的绩效评价结果。对于不属于项目公司或社会资本责任造成的绩效偏差，不应影响项目公司（社会资本）绩效评价结果。

（四）编制绩效评价报告。PPP项目绩效评价报告应当依据充分、真实完整、数据准确、客观公正，内容通常包括项目基本情况、绩效评价工作情况、评价结论和绩效分析、存在问题及原因分析、相关建议、其他需要说明的问题。

（五）资料归档。项目实施机构应将绩效评价过程中收集的全部有效资料，主要包括绩效评价工作方案、专家论证意见和建议、实地调研和座谈会记录、调查问卷、绩效评价报告等一并归档，并按照有关档案管理规定妥善管理。

（六）评价结果反馈。项目实施机构应及时向项目公司（社会资本）和相关部门反馈绩效评价结果。

第二十条　项目公司对绩效评价结果有异议的，应在5个工作日内明确提出并提供有效的佐证材料，向项目实施机构解释说明并达成一致意见。无法达成一致的，应组织召开评审会，双方对评审意见无异议的，根据评审意见确定最终评价结果；仍有异议的，按照合同约定的争议解决机制处理。

第二十一条　项目实施机构应将PPP项目绩效评价报告报送相关主管部门、财政部门复核，复核重点关注绩效评价工作方案是否落实、引用数据是否真实合理、揭示的问题是否客观公正、提出的改进措施是否有针对性和可操作性等。

第二十二条　PPP项目绩效评价结果是按效付费、落实整改、监督问责的重要依据。

附1：

PPP项目全生命周期绩效管理导图

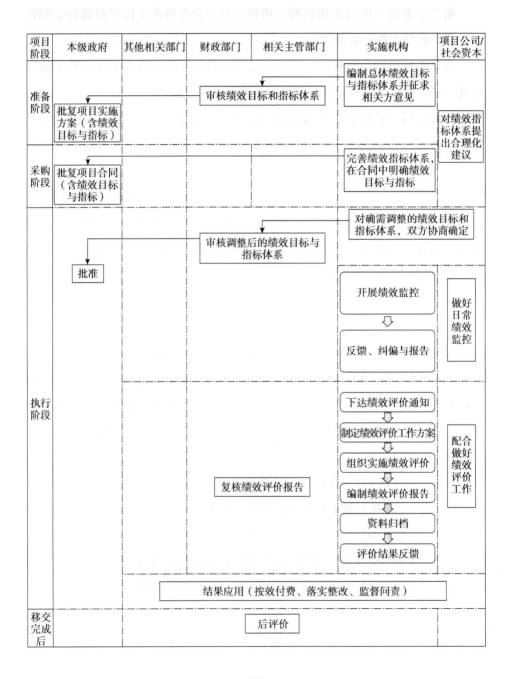

附2：

PPP项目绩效评价工作方案（参考）

PPP项目绩效评价工作方案

（参考）

一、项目基本情况

（一）项目概况。

（二）项目产出说明。

（三）绩效目标和指标体系。

PPP项目合同约定的绩效目标与指标体系、年度绩效目标与指标体系及调整情况。

（四）项目主要参与方。

说明项目主要参与方职责及参与情况，主要参与方通常包括项目公司（社会资本）、项目实施机构、相关主管部门及其他相关政府部门，项目服务对象及社会公众等其他相关方。

（五）项目实施情况。

项目实施进展情况、实施内容调整及变更情况等。

二、绩效评价思路

（一）绩效评价目的和依据。

确定评价工作基本导向，明确绩效评价工作开展所要达到的目标和结果。

评价依据通常包括PPP项目合同，项目相关法律、法规和规章制度，相关行业标准及专业技术规范等。

（二）绩效评价对象和范围。

评价对象为PPP项目，评价范围包括项目产出、项目实施效果和项目管理等。

（三）绩效评价时段。

项目本次被评价的时间范围，应明确具体的起止时间。

（四）绩效评价方法。

明确开展绩效评价所选用的相关评价方法及原因。

三、绩效评价组织与实施

（一）明确项目负责人及项目团队的职责与分工。

（二）明确各个环节及各项工作的时间节点及工作计划。

（三）明确绩效评价工作质量控制措施。

四、资料收集与调查

明确开展绩效评价工作所需的资料收集与调查方案，包括资料收集内容与途径、数据资料来源以及具体的调查方法。

调查方法通常包括案卷研究、实地调研、座谈会及问卷调查等，应当尽可能明确调查对象、调查方法、调查内容、调查时间及地点等。如果调查对象涉及抽样，应当说明调查对象总体情况、样本总数、抽样方法及抽样比例。

五、相关附件

通常包括资料清单、数据填报格式、访谈提纲及调查问卷等。

附3：

PPP项目绩效评价报告（参考）

PPP项目绩效评价报告

（参考）

一、项目基本情况

（一）项目概况。

简述项目背景、PPP模式基本安排，包括基本信息、运作模式、回报机制、交易结构等内容。

（二）项目绩效目标。

（三）项目主要参与方。

（四）项目实施情况。

包括项目实施的具体内容、范围、计划及进展情况等。如果项目内容在实施期内发生变更，应当说明变更的内容、依据及变更程序。

（五）资金来源和使用情况。

项目资金来源与使用情况、投融资管理情况、财务管理状况、预算情况等。

二、绩效评价工作情况

（一）绩效评价目的。

（二）绩效评价对象、范围与时段。

（三）绩效评价工作方案制定过程。

（四）绩效评价原则与方法。

（五）绩效评价实施过程。

（六）数据收集方法。

（七）绩效评价的局限性（如有）。

三、评价结论和绩效分析

（一）评价结论。

（二）绩效分析。

对项目产出、效果和管理指标进行分析和评价。

在对绩效指标进行分析和评价时，要充分利用评价工作中所收集的数据，做到定量分析和定性分析相结合。绩效指标评分应当依据充分、数据使用合理恰当，确保绩效评价结果的公正性、客观性、合理性。

四、存在问题及原因分析

通过分析各指标的评价结果，总结项目存在的不足及原因，明确责任主体，为提出相关建议奠定基础。

五、相关建议

通过综合考虑各指标的评价结果，有针对性地对项目存在的不足提出改进措施和建议。措施或建议应当具有较强的可行性、前瞻性及科学性，有利于促进和提高项目绩效水平。

六、绩效评价报告使用限制等其他需要说明的问题。

七、评价主体签章

绩效评价报告应当由评价主体加盖公章。

八、相关附件

通常包括主要评价依据、实地调研和座谈会相关资料、调查问卷汇总信息及其他支持评价结论的相关资料。

附4：

PPP项目建设期绩效评价共性指标框架（参考）

PPP项目绩效评价共性指标框架（参考）——建设期

	一级指标	二级指标	指标解释
项目公司（社会资本）绩效评价（100分）	产出	竣工验收	评价项目是否通过竣工验收及竣工验收情况
	效果	社会影响	评价项目建设活动对社会发展所带来的直接或间接的正负面影响情况。如新增就业、社会荣誉、重大诉讼、公众舆情与群体性事件等
		生态影响	评价项目建设期间对生态环境所带来的直接或间接的正负面影响情况。如节能减排、环保处罚等
		可持续性	评价项目公司或社会资本是否做好项目运营准备工作，如资源配置、潜在风险及沟通协调机制等
		满意度	政府相关部门、项目实施机构、社会公众（服务对象）对项目公司或社会资本建设期间相关工作的满意程度

	一级指标	二级指标	指标解释
项目公司（社会资本）绩效评价（100分）	管理	组织管理	评价项目公司组织架构是否健全、人员配置是否合理，能否满足项目日常运作需求
		资金管理	评价社会资本项目资本金及项目公司融资资金的到位率和及时性
		档案管理	评价项目建设相关资料的完整性、真实性以及归集整理的及时性
		信息公开	评价项目公司或社会资本履行信息公开义务的及时性与准确性
项目实施机构绩效评价（100分）	产出	履约情况	评价项目实施机构是否及时、有效履行PPP项目合同约定的义务
		成本控制	评价项目实施机构履行项目建设成本监督管控责任的情况。（注：PPP项目合同对建设成本进行固定总价约定的不适用本指标）
	效果	满意度	社会公众、项目公司或社会资本对项目实施机构工作开展的满意程度
		可持续性	评价项目实施机构是否为项目可持续性建立有效的工作保障和沟通协调机制
项目实施机构绩效评价（100分）	管理	前期工作	评价项目实施机构应承担的项目前期手续及各项工作的落实情况
		资金（资产）管理	评价项目实施机构股权投入、配套投入等到位率和及时性
		监督管理	评价项目实施机构是否按照PPP项目合同约定履行监督管理职能，如质量监督、财务监督及日常管理等
		信息公开	评价项目实施机构是否按照信息公开相关要求及时、准确公开信息

备注：应根据项目行业特点与实际情况等适当调整二级指标，细化形成三级指标。

附5：

PPP 项目运营期绩效评价共性指标框架（参考）

PPP 项目绩效评价共性指标框架（参考）——运营期

一级指标		二级指标	指标解释	说明
项目公司（社会资本）绩效评价（100分）	产出	项目运营	评价项目运营的数量、质量与时效等目标完成情况。如完成率、达标率与及时性等	1."产出"指标应作为按效付费的核心指标，指标权重不低于总权重的80%，其中"项目运营"与"项目维护"指标不低于总权重的60%；2.原则上不低于80分才可全额付费
		项目维护	评价项目设施设备等相关资产维护的数量、质量与时效等目标完成情况。如设施设备维护频次、完好率与维护及时性等	
		成本效益	评价项目运营维护的成本情况。如成本构成合理性、实际成本与计划成本对比情况、成本节约率、投入产出比等。（注：PPP项目合同中未对运营维护成本控制进行约定的项目适用本指标）	
		安全保障	评价项目公司（或社会资本）在提供公共服务过程中安全保障情况。如重大事故发生率、安全生产率、应急处理情况等	
	效果	经济影响	评价项目实施对经济发展所带来的直接或间接的正负面影响情况。如对产业带动及区域经济影响等	
		生态影响	评价项目实施对生态环境所带来的直接或间接的正负面影响情况。如节能减排、环保处罚等	
		社会影响	评价项目实施对社会发展所带来的直接或间接的正负面影响情况。如新增就业、社会荣誉、重大诉讼、公众舆情与群体性事件等	
		可持续性	评价项目在发展、运行管理及财务状况等方面的可持续性情况	

	一级指标	二级指标	指标解释	说明
项目公司（社会资本）绩效评价（100分）	效果	满意度	政府相关部门、项目实施机构、社会公众（服务对象）对项目公司或社会资本提供公共服务质量和效率的满意程度	1．"产出"指标应作为按效付费的核心指标，指标权重不低于总权重的80%，其中"项目运营"与"项目维护"指标不低于总权重的60%；2．原则上不低于80分才可全额付费
	管理	组织管理	评价项目运营管理实施及组织保障等情况。如组织架构、人员管理及决策审批流程等	
		财务管理	评价项目资金管理、会计核算等财务管理内容的合规性	
		制度管理	评价内控制度的健全程度及执行效率	
		档案管理	评价项目运营、维护等相关资料的完整性、真实性以及归集整理的及时性	
		信息公开	评价项目公司或社会资本履行信息公开义务的及时性与准确性	
项目实施机构绩效评价（100分）	产出	按效付费	评价项目实施机构是否及时、充分按照PPP项目合同约定履行按效付费义务	
		其他履约情况	评价项目实施机构是否及时、有效履行PPP项目合同约定的其他义务	
	效果	满意度	社会公众、项目公司或社会资本对项目实施机构工作开展的满意程度	"物有所值"指标可结合中期评估等工作定期开展
		可持续性	评价项目实施机构是否为项目可持续性建立有效的工作保障和沟通协调机制	
		物有所值	评价项目物有所值实现程度	
	管理	预算编制	评价项目实施机构是否及时、准确将PPP项目支出责任纳入年度预算	
		绩效目标与指标	评价项目实施机构是否编制合理、明确的年度绩效目标和绩效指标	
		监督管理	评价项目实施机构是否按照PPP项目合同约定履行监督管理职能，如质量监督、财务监督及日常管理等	
		信息公开	评价项目实施机构是否按照信息公开相关要求及时、准确公开信息	

备注：应根据项目行业特点与实际情况等适当调整二级指标，细化形成三级指标。

附录F

交通运输部关于推动交通运输领域新型基础设施建设的指导意见

交规划发〔2020〕75号

为贯彻落实党中央、国务院决策部署，加快建设交通强国，推动交通运输领域新型基础设施建设，现提出如下意见。

一、总体要求

（一）指导思想。

以习近平新时代中国特色社会主义思想为指导，深入贯彻党的十九大和十九届二中、三中、四中全会精神，坚持以新发展理念引领高质量发展，围绕加快建设交通强国总体目标，以技术创新为驱动，以数字化、网络化、智能化为主线，以促进交通运输提效能、扩功能、增动能为导向，推动交通基础设施数字转型、智能升级，建设便捷顺畅、经济高效、绿色集约、智能先进、安全可靠的交通运输领域新型基础设施。

（二）基本原则。

——服务人民，提升效能。坚持规划建设与运营服务并重，提升服务品质和整体效能，不断增强人民的获得感、幸福感、安全感。

——统筹并进，集约共享。发挥新型基础设施提质增效作用，巩固传统基础设施强基固本作用，统筹传统与新型、存量与增量、供给与需求，注重集约建设、资源共享，增强发展动能。

——政府引导，市场主导。更好发挥政府统筹协调、支持引导作用，营造良好发展环境。充分发挥企业主体作用，激发市场活力，促进产业链上下游紧密协作，扩展服务功能、提高服务水平。

——跨界融合，协调联动。加强行业协同、部省联动、区域协调，提高系统性、整体性和协同性，形成发展合力，发挥交通基础设施规模优势，助力先进技术装备发展。

——积极稳妥，远近结合。科学定位、稳妥推进，准确把握建设时序和建设重点。注重远近结合，近期加快成熟技术在交通基础设施重点领域的深化应用，远期跟踪新技术发展，适度超前布局。

（三）发展目标。

到2035年，交通运输领域新型基础设施建设取得显著成效。先进信息技术深度赋能交通基础设施，精准感知、精确分析、精细管理和精心服务能力全面提升，成为加快建设交通强国的有力支撑。基础设施建设运营能耗水平有效控制。泛在感知设施、先进传输网络、北斗时空信息服务在交通运输行业深度覆盖，行业数据中心和网络安全体系基本建立，智能列车、自动驾驶汽车、智能船舶等逐步应用。科技创新支撑能力显著提升，前瞻性技术应用水平居世界前列。

二、主要任务

（一）打造融合高效的智慧交通基础设施。

1.智慧公路。推动先进信息技术应用，逐步提升公路基础设施规划、设计、建造、养护、运行管理等全要素、全周期数字化水平。深化高速公路电子不停车收费系统（ETC）门架应用，推进车路协同等设施建设，丰富车路协同应用场景。推动公路感知网络与基础设施同步规划、同步建设，在重点路段实现全天候、多要素的状态感知。应用智能视频分析等技术，建设监测、调度、管控、应急、服务一体的智慧路网云控平台。依托重要运输通道，推进智慧公路示范区建设。鼓励应用公路智能养护设施设备，提升在役交通基础设施检查、检测、监测、评估、风险预警以及养护决策、作业的快速化、自动化、智能化水平，提升重点基础设施自然灾害风险防控能力。建设智慧服务区，促进融智能停车、能源补给、救援维护于一体的现代综合服务设施建设。推动农村公路建设、管理、养护、运行一体的综合性管理服务平台建设。

2.智能铁路。运用信息化现代控制技术提升铁路全路网列车调度指挥和运输管理智能化水平。建设铁路智能检测监测设施，实现动车组、机车、车辆等载运装备和轨道、桥隧、大型客运站等关键设施服役状态在线监测、远程诊断

求，结合国家卫星通信等设施部署情况和要求，研究应用具备全球宽带网络服务能力的卫星通信设施。

10.北斗系统和遥感卫星行业应用。提升交通运输行业北斗系统高精度导航与位置服务能力，推动卫星定位增强基准站资源共建共享，提供高精度、高可靠的服务。推动在特长隧道及干线航道的信号盲区布设北斗系统信号增强站，率先在长江航运实现北斗系统信号高质量全覆盖。建设行业北斗系统高精度地理信息地图，整合行业北斗系统时空数据，为综合交通规划、决策、服务等提供基础支撑。推进北斗系统短报文特色功能在船舶监管、应急通信等领域应用。探索推动北斗系统与车路协同、ETC等技术融合应用，研究北斗自由流收费技术。鼓励在道路运输及运输服务新业态、航运等领域拓展应用。推动北斗系统在航标遥测遥控终端等领域应用。推进铁路行业北斗系统综合应用示范，搭建铁路基础设施全资产、全数据信息化平台，建设铁路北斗系统地基增强网，推动在工程测量、智慧工地等领域应用。推动高分辨率对地观测系统在基础设施建设、运行维护等领域应用。

11.网络安全保护。推动部署灵活、功能自适、云网端协同的新型基础设施内生安全体系建设。加快新技术交通运输场景应用的安全设施配置部署，强化统一认证和数据传输保护。加强关键信息基础设施保护。建设集态势感知、风险预警、应急处置和联动指挥为一体的网络安全支撑平台，加强信息共享、协同联动，形成多层级的纵深防御、主动防护、综合防范体系，加强威胁风险预警研判，建立风险评估体系。切实推进商用密码等技术应用，积极推广可信计算，提高系统主动免疫能力。加强数据全生命周期管理和分级分类保护，落实数据容灾备份措施。

12.数据中心。完善综合交通运输数据中心，注重分类分层布局，推动跨部门、跨层级综合运输数据资源充分汇聚、有效共享，形成成规模、成体系的行业大数据集。推动综合交通运输公共信息资源开放，综合运用政府、科研机构、企业等数据资源，深化行业大数据创新应用，以数据资源赋能交通运输发展。

13.人工智能。持续推动自动驾驶、智能航运、智慧工地等研发应用。建设一批国家级自动驾驶、智能航运测试基地，丰富不同类型和风险等级的测试场景，完善测试评价体系，提升测试验证能力。围绕典型应用场景和运营模式，推动先导应用示范区建设，实施一批先导应用示范项目。

（三）完善行业创新基础设施。

14.科技研发。加强以国家重点实验室、国家技术创新中心等重要载体为引领的交通运输领域科研基地体系建设，鼓励社会投资科技基础设施，推动一批科研平台纳入国家科技创新基地建设，推进创新资源跨行业共享。鼓励在项目全生命周期协同应用建筑信息模型（BIM）技术，促进产业基础能力提升。推进交通基础设施长期性能观测网建设，试点开展长期性能观测，加强基础设施运行状态监测和运行规律分析，支撑一流设施建设与维护。

三、组织实施

（一）加强组织领导。

建立健全推动交通运输领域新型基础设施建设的实施机制。部将加大指导支持力度，协调解决重大问题。省级交通运输主管部门要落实属地责任，加强组织协调和督促指导，明确实施路径、阶段目标，建立协同推进机制和政策体系，充分调动企业和社会积极性，确保顺利实施。

（二）加快示范引领。

结合规划编制，统筹布局谋划交通运输领域新型基础设施项目，稳妥有序推进项目落地实施。落实国家重大区域战略，选择特点突出、条件成熟、创新能力强的重点地区，依托重要运输通道、枢纽等开展多层次的交通运输领域新型基础设施试点示范，形成可复制可推广的经验。

（三）完善标准规范。

构建适应交通运输领域新型基础设施建设的标准体系，加强重点领域标准供给，分类制定关键性、基础性标准，及时将试点成果转化为标准，指导工程建设。加快完善通信网络、北斗系统、环境感知、交通诱导与管理、BIM、数据融合等标准规范，推进建立适应自动驾驶、自动化码头、无人配送的基础设施规范体系。建立标准国际化、政企共建和动态调整机制。

（四）形成多元化投融资机制。

发挥好政府投资的支持引导作用，扩大有效投资。各级交通运输主管部门应积极争取各类政府财政性资金、专项资金等支持交通运输领域新型基础设施建设。充分运用市场机制，多元化拓宽投融资渠道，积极吸引社会资本参与，争取金融保险机构支持，强化风险防控机制建设。探索数据、技术等资源市场化配置机制。

（五）加强协同合作。

各级交通运输主管部门要推动建立涵盖政府、企业、行业协会和专业机构的协同机制，强化部门协同、区域协调和跨界合作，共同推进交通运输领域新型基础设施建设。鼓励产业链上下游协同攻关、融通合作，优化生产服务方式、创新建设与运营模式，建立以信用为基础的新型监管机制，营造创新要素集聚、市场主体互利共赢、公平有序发展的产业环境。

交通运输部

2020年8月3日

附录G

水利部关于推进水利基础设施政府和社会资本合作（PPP）模式发展的指导意见

水规计〔2022〕239号

部机关各司局，部直属各单位，各省、自治区、直辖市水利（水务）厅（局），各计划单列市水利（水务）局，新疆生产建设兵团水利局：

为贯彻落实党中央、国务院决策部署，加大水利投融资创新力度，积极推进水利基础设施政府和社会资本合作（PPP）模式发展，扩大水利投资来源渠道，加快构建现代化水利基础设施体系，提出以下意见。

一、总体要求

（一）指导思想

以习近平新时代中国特色社会主义思想为指导，贯彻落实中央经济工作会议、中央财经委员会第十一次会议精神，完整、准确、全面贯彻新发展理念，积极践行"节水优先、空间均衡、系统治理、两手发力"治水思路，充分发挥市场在资源配置中的决定性作用，更好发挥政府作用，深化水利投融资改革，积极引导各类社会资本参与水利建设运营，拓宽水利基础设施建设长期资金筹措渠道，推进现代化水利基础设施建设，推动新阶段水利高质量发展，为全面建设社会主义现代化国家提供有力的水安全保障。

（二）基本原则

坚持政府主导、市场运作。发挥政府规划引领作用，科学谋划水利发展重点领域、项目安排。遵循市场规律，完善市场规则，建立政府与社会资本利益共享、风险共担及长期合作关系。

坚持效益导向、分类施策。根据不同类型水利项目的功能属性、投资规模、收益能力、运营管理等特性，加强政策支持和监管服务，实现水利PPP项目更好更快发展。

坚持改革创新、协同推进。加强水资源资产产权制度、水利工程产权制度、水价形成机制、水生态产品价值实现机制等改革协同，创新体制机制和投融资模式，畅通社会资本参与渠道，完善社会资本投入的合理回报机制，激发社会资本的投资活力和创新动力。

坚持规范发展、阳光运行。立足项目全生命周期，健全社会资本参与水利基础设施建设运营长效机制，坚持公开、公平、公正，依法管理、规范管理，实现经济效益、社会效益、生态效益、安全效益相统一。

二、主要领域

（三）国家水网重大工程。以自然河湖水系、重大引调水工程和骨干输配水通道为纲，以区域河湖水系连通工程和供水渠道为目，以具有控制性功能的水资源调蓄工程为结，加快实施国家水网，协同推进省级水网建设，统筹已建工程提质增效和新建工程效益，全面增强我国水资源统筹调配能力、供水保障能力、战略储备能力。

（四）水资源集约节约利用。坚持节水优先方针，推进实施一批节水项目。以粮食生产功能区、重要农产品生产保护区和特色农产品优势区为重点，在水土资源条件适宜地区建设一批现代化灌区。推进大中型灌区续建配套与现代化改造，推动完善渠首水源工程、骨干渠系、计量监测等设施，开展数字灌区建设。

（五）农村供水工程建设。聚焦民生改善和乡村振兴，优化农村供水水源及工程布局，推动农村规模化供水工程建设。具备条件的地区，推动城镇管网向农村地区延伸，逐步实现城乡供水一体化。牧区、山区、偏远地区等不具备规模化供水条件的地区，推进实施一批小型供水工程标准化建设和改造，提高自来水普及率。

（六）流域防洪工程体系建设。推进江河控制性工程、水库水闸除险加固与运行管护、蓄滞洪区建设，提高洪水调蓄能力。实施大江大河大湖干流堤防建设和河道整治，加强主要支流和中小河流治理，提高河道泄洪能力。

（七）河湖生态保护修复。坚持山水林田湖草沙一体化保护和治理，实施母亲河复苏行动，加强河湖生态治理修复；以长江、黄河上中游和东北黑土区等水土流失区域为重点，实施国家水土保持重点工程，因地制宜推进生态清洁小流域建设和小水电绿色改造；深入推进地下水超采综合治理，维护河湖健康生命，让越来越多的流域重现生机。

（八）智慧水利建设。加快建设数字孪生流域、数字孪生水利工程，构建天、空、地一体化水利感知网和数字化场景，实现数字孪生流域多维度、多时空尺度的智慧化模拟，实现预报、预警、预演、预案功能，提高水利数字化、网络化、智能化管理水平。

三、合作方式

（九）分类选择合作模式。针对水利项目公益性强、投资规模大、建设周期长、投资回报率低的特点，结合项目实际情况，通过特许经营、购买服务、股权合作等方式，灵活采用建设—运营—移交（BOT）、建设—拥有—运营—移交（BOOT）、建设—拥有—运营（BOO）、移交—运营—移交（TOT）等模式推进水利基础设施建设运营。

（十）综合利用水利枢纽。在确保项目完整性和公益性功能发挥的前提下，可结合项目实际情况，合理划分工程模块，根据各模块的主要功能和投资收益水平，采用适宜的合作方式。对水库大坝建设等涉及防洪的公益性模块，事关公共安全和公众利益，应以政府为主投资建设和运营管理；对水力发电、供水等经营性模块，可引入社会资本投资建设运营，落实水价、电价等政策，政府和社会资本按照出资比例依法享有权益。

（十一）供水、灌溉类项目。对于重点水源和引调水工程，通过向下游水厂等产业链延伸、合理确定供水价格等措施，保证社会资本合理收益。对于城乡供水一体化项目，可以县域为基本单元，统一供水设施运行服务标准，推广城乡供水同城、同网、同质、同价、同管理；对于分散式中小型供水工程，探索以大带小、整体打包，引入专业化供水企业或规模较大的水厂建设运营管理。对于大中型灌区建设和节水改造，应合理划分骨干工程、田间工程和供水单元，完善计量设施，积极引入社会资本参与投资运营，鼓励农民用水合作组织等受益主体投资入股。水费收入能够完全覆盖投资成本的项目，应采用"使用者付费"模式；水费收入不足以完全覆盖投资成本的项目，可采用"使用者付费+可行性缺口补贴"模式；也可根据项目实际情况，在一定期限内采用"使用者付费+可行性缺口补贴"模式，逐步过渡到"使用者付费"模式，确保工程良性运行。

（十二）防洪治理、水生态修复类项目。对于河道治理、蓄滞洪区建设、水库水闸除险加固等防洪治理项目和河湖生态治理保护、水土保持、小水电绿色改造等水生态修复项目，在加大政府投入的同时，充分利用水土资源条件，鼓励通过资产资源匹配、其他收益项目打捆、运行管护购买服务等方式，吸引社会资本参与建设运营，提高政府投资效率和工程管理水平，有效降低工程运行维护成本。对于智慧水利建设，可采取政府购买服务、政府授权企业投资运营等方式，调动社会资本参与建设运维的积极性。

四、重点工作

（十三）深化项目前期论证工作。地方各级水行政主管部门根据水利相关规划，筛选潜在 PPP 项目，形成重点推介水利 PPP 项目清单，强化信息公开和投融资合作对接，引导社会资本参与项目策划、前期论证。重大水利工程前期工作技术复杂、不确定性因素多、周期长，原则上由水行政主管部门商有关部门组织开展，鼓励社会资本参与。对于中小型水利工程，鼓励社会资本在水行政主管部门指导下开展项目前期论证工作。

（十四）科学编制项目实施方案。对拟采用 PPP 模式推进的水利项目，依据有关规定在项目可行性研究报告或项目申请报告中一并编制或单独编制项目实施方案，明确经济技术指标、经营服务标准、投资概算构成、投资回报方式、价格确定及调价方式、财政补贴等事项。

（十五）严格履行审核决策程序。按程序通过立项的水利 PPP 项目，及时将项目实施方案报地方政府或经授权的主管部门审核审批，并按要求开展物有所值评价、财政承受能力论证。项目实施方案应与经批准的可行性研究报告、核准文件、备案信息保持一致。

（十六）择优选择社会资本方。实施方案通过审核审批的水利 PPP 项目，及时向社会发布项目公告和有关信息，组织编制招标文件、合同文本。按照招投标有关规定，公平择优选择具有相应管理经验、专业能力、融资实力及信用状况良好的社会资本作为合作伙伴。

（十七）依法合规组建项目法人。水利 PPP 项目由政府或其授权部门和社会资本方根据投资比例协商共同组建项目法人，完善项目法人治理结构，落实项目法人职责，签订投资、建设、运营合同文件。合同签订前，要对项目可能产生的政策风险、商业风险、环境风险、法律风险等进行充分论证，征求政府相关部门、法律咨询机构和社会资本方的意见，明确项目合同各方权利义务，建立激励约束机制，健全纠纷解决和风险防范机制。

（十八）加强项目建设运营管理。各级水行政主管部门要针对水利 PPP 项目的特点，制定完善建设运营监管制度，切实强化监管，确保工程质量、安全和功能效益发挥。项目法人要健全企业管理制度，完善质量控制安全管理体系和工程维修养护机制，保障工程稳定运行，依法承担防洪、抗旱、水资源节约保护等责任，确保全面履行合同义务。

（十九）健全绩效评价和退出机制。在项目合同中明确绩效评价标准，定期对项目运营管理开展绩效评价。合作期内，如遇不可抗力或违约事件导致项目提前终止时，要及时做好项目移交接管，保障项目设施持续运行，保证公共利益不受侵害。合作期满后，要按照合同约定的移交形式、移交内容和移交标准及时组织开展项目验收、资产交割等工作，妥善做好项目移交，确保工程持续安全运行。

五、政策支持

（二十）加大政府投资引导力度。各级水行政主管部门要积极商发展改革、财政部门，充分发挥政府投资的引导和带动作用，采取直接投资、投资补助、资本金注入、财政贴息、以奖代补、先建后补等多种方式，支持社会资本参与水利基础设施建设运营。

（二十一）推动建立合理回报机制。建立健全有利于促进水资源节约和水利工程良好运行、与投融资体制相适应的水利工程水价形成机制，科学核定定价成本，合理确定盈利水平，鼓励有条件的地区实行供需双方协商定价。积极推动供需双方在项目前期工作阶段签订框架协议，约定意向价格。加快推进用水权改革，支持社会资本通过参与节水供水工程建设运营，转让节约的水权获得合理收益。

六、服务监督

（二十二）做好项目服务。按照"放管服"改革的要求，建立健全社会资本投融资合作对接机制，在确保工程质量安全的前提下，优化水利PPP项目审查审批流程，加快审查审批进度，持续提升社会资本参与水利基础设施投资和建设的便利度。

（二十三）加强政府监管。各级水行政主管部门要依法依规加强水利PPP项目的监管，着重强化对合作双方诚信履约、项目法人履职尽责等方面的监督，促进水利PPP项目规范发展、阳光运行。对于社会资本方直接参与工程设计、施工、监理的，要对参建单位资质、合同订立、工程价款等进行严格监督。

（二十四）接受公众监督。依法披露水利PPP项目信息，保障公众知情权，确保项目实施公开透明、有序推进。健全公众参与监督机制，注重发挥舆论监督作用，督促社会资本履行企业社会责任，严格按照约定保质保量提供公共产品和服务，维护公众利益。

七、保障措施

（二十五）加强组织领导。各级水行政主管部门要充分认识引导社会资本参与水利建设运营、拓宽水利投资渠道的重要作用，健全工作机制，加强与发展改革、财政等部门的沟通协调，共同推动各项工作落实到位。要结合本地区实际，细化实化推进社会资本参与水利基础设施建设运营的政策措施。

（二十六）强化跟踪监测。省级水行政主管部门要建立健全跟踪监测机制，开展水利PPP项目跟踪问效和监测评估，动态掌握社会资本参与水利建设运营情况，及时发现、研究和解决重点难点问题。组织开展水利PPP项目实施后评价，通过第三方评估等方式，评价社会资本的参与程度和工作落实情况，推动有关政策不断健全完善、落地见效。

（二十七）做好宣传推广。省级水行政主管部门要加强水利PPP项目有关政策法规、操作规则和管理要求的培训，做好政策宣传解读，引导好市场预期，增强市场信心，及时总结推广典型经验和成功案例，营造社会资本参与水利基础设施建设运营的良好氛围。

水利部

2022年5月31日

附录H

水利部 中国人民银行关于加强水利基础设施建设 投融资服务工作的意见

水财务〔2022〕452号

部直属各单位，各省、自治区、直辖市水利（水务）厅（局），各计划单列市水利（水务）局，新疆生产建设兵团水利局，中国人民银行上海总部，各分行、营业管理部、各省会（首府）城市中心支行、副省级城市中心支行，国家开发银行，各政策性银行、国有商业银行、股份制商业银行，中国邮政储蓄银行：

为深入贯彻党的二十大精神，认真落实习近平总书记"节水优先、空间均衡、系统治理、两手发力"治水思路和关于治水重要讲话指示批示精神，按照中央财经委员会第十一次会议部署及国务院稳经济一揽子政策要求，现就加强水利基础设施建设投融资服务工作提出以下意见。

一、充分认识加强水利基础设施建设投融资服务的重要意义

水利基础设施是经济社会发展的重要支撑，对保障国家粮食安全和水安全、全面推进乡村振兴、提升防灾减灾能力均具有重要作用。水利工程点多、面广、量大，尤其是重大水利工程吸纳投资大、产业链条长、创造就业机会多，拉动经济增长作用明显。中央财经委员会第十一次会议对加强水利等网络型基础设施建设作出了重要部署，强调要适应基础设施建设融资需求，拓宽长期资金筹措渠道。国务院扎实稳住经济一揽子政策措施明确，将加快推进一批论证成熟的水利工程项目、加大金融机构对水利基础设施建设和重大项目支持力度作为重要举措。全面加强水利基础设施建设，必须坚持深入推进"两手发力"，形成市场作用和政府作用有机统一、相互促进的格局，不断深化水利投融资改革，全方位加强水利投融资支持与服务，为全面建设社会主义现代化国家提供有力的水安全保障。

二、加快推进水利基础设施投融资重点支持领域建设

（一）着力加强水网工程建设。包括引调水工程、水源工程等国家、区域、省市县的水网工程建设。

（二）加快推进流域防洪工程体系建设。包括流域控制性枢纽等工程、堤防建设和河道整治、蓄滞洪区建设、病险水库水闸及淤地坝除险加固、水库清淤、新建淤地坝及拦沙坝、中小河流治理、重点区域治涝、洲滩民垸整治、山洪灾害防治、沿海防台防潮等工程建设，以及水利设施灾后重建等。

（三）不断强化农村供水工程建设。包括中小型水库、农村规模化供水工程、城乡供水一体化建设、老旧供水工程和管网更新改造、小型供水工程标准化建设与改造等。

（四）积极开展灌区建设与改造。包括大中型灌区续建配套与现代化改造、新建大中型灌区、农业节水设施建设、灌溉排水泵站更新改造、小型水利设施标准化改造、灌区末级渠系建设和田间工程配套等。

（五）切实做好水生态保护治理。包括河湖生态环境复苏、地下水超采综合治理、水资源超载治理、水土保持生态建设、水源涵养与保护、幸福河湖建设及水美乡村建设、小水电绿色改造和现代化提升、节水设施建设、非常规水源利用、合同节水管理等。

（六）稳步推进智慧水利建设。包括数字孪生流域、数字孪生水网、数字孪生水利工程、水利智能业务应用和水利网络安全体系等，以及取水监测计量、遥感监测、智能视频监控、水文监测预报、地下水水位变化预警、山洪监测预警、旱情监测预警等。

三、着力加强水利重点领域基础设施建设投融资支持

（一）加大政策性开发性金融对水利基础设施项目的支持。政策性、开发性银行要继续用好基础设施建设投资基金、新增信贷额度等金融工具，对于符合条件的重大水利基础设施项目加大支持力度，从满足项目资本金和信贷需求两个方面，按照市场化法治化原则加大金融支持力度，并抓好任务分解，强化激励考核，充分发挥政策性开发性金融对水利基础设施项目融资的撬动作用，吸引更多贷款支持水利项目建设。

（二）优化水利基础设施项目信贷投放。政策性、开发性、商业性金融机构要围绕水利建设重点领域，按照市场化原则加大金融资金支持。要充分考虑水利基础设施投资大、建设期长、社会效益强、现金流稳定的特点，按照商业可持续原则加强银企对接力度，加大对水利基础设施项目的中长期贷款支持，在水利基础设施项目的融资成本、贷款期限、还款安排上给予政策优惠。

（三）拓宽水利基础设施项目资金筹措渠道。鼓励各地按规定统筹各类资源筹集重大水利项目资本金，在不新增政府隐性债务的前提下，拓展水利基础设施项目资金筹措渠道。积极引导符合条件的水利行业相关企业到银行间市场发行债务融资工具。支持政策性、开发性、商业性金融机构探索水利项目还款来源，创新产品模式。鼓励规范发展政府和社会资本合作（PPP）模式、资产证券化等水利项目融资方式，支持符合条件的水利基础设施项目盘活存量资产，拓宽有效融资渠道，撬动更多社会资本支持水利项目建设。

（四）积极培育合格投融资主体。支持和鼓励各地水利融资主体建设、整合和规范，建立符合地方实际的水利工程投融资建设、运营管理主体。深入推进水利工程投融资市场主体公司治理，通过注入有效资产、赋权经营等方式充实公司实力。充分挖掘水利项目建设相关的收入，进一步拓宽水利项目还款来源，增加水利项目长期稳定现金流。

四、切实保障投融资服务水利基础设施建设政策落地

（一）加快推进新项目开工。各地要抢抓政策机遇期，梳理一批论证多年、有一定基础的备选项目，在科学严谨论证的基础上，加快推进水利项目前期工作和要件办理。优化简化水利项目审批流程，对重大水利项目探索建立审批"绿色通道"，持续提升水利项目投资审批效率和投资便利化水平。加强工作统筹，抓紧办理各项开工前置要件，推动项目尽快开工建设。鼓励金融机构积极参与水利项目建设规划论证、融资方案制定等前期工作，提供更丰富更符合水利项目建设需求的多方面全流程金融服务。

（二）切实保障在建项目建设。建立完善水利项目统计监测机制，列出在建项目的节点进度目标，倒排工期，分项、分段推动落实。受疫情影响地区要做好水利项目建设闭环管理，落实好"科学防治、精准施策"的疫情防控要求，按照物流保通保畅等相关工作部署，做好水利项目原材料、用工等要素保障，确保建设资金、材料、人工、装备设施等及时或提前到位，尽力做到在建项目不停工、施工强度不降低，切实保障信贷资金投放进度与项目建设进度相匹配。

（三）深化合作长效机制。各流域管理机构、地方各级水行政主管部门、人民银行各分支机构要加强沟通对接，建立健全合作长效机制。有条件的地区要根据本意见精神，结合辖区实际，制定和完善本地区金融支持水利项目发展的具体实施方案，引导金融机构加大水利建设支持力度，切实抓好政策措施落实。

（四）加强水利基础设施项目融资对接。地方各级水行政主管部门要结合本地区新建项目和在建项目情况，梳理水利基础设施有效融资需求清单，对项目清单实施动态更新。人民银行分支机构要指导金融机构按照项目清单，积极开展融资需求对接，做到清单对接全覆盖，对符合条件的项目及时提供融资服务。

（五）推动水利重点领域改革。深化水价形成机制、用水权明晰和交易、节水产业支持政策、水利工程管理体制等改革，增强水利项目的盈利能力和承贷能力：建立健全有利于促进水资源节约和水利工程良性运行、与投融资体制相适应的水价形成机制。加快用水权初始分配，推进用水权市场化交易，完善水资源资产收益制度。坚持政策激励和市场主导相结合，建立健全节水产业政策，完善节水管理服务产业链，加大对节水项目、节水服务信贷支持力度，鼓励开展"节水贷"融资服务，加快节水产业发展。坚持产权明晰、责任明确、管护规范的原则，加快健全水利工程管理体制和良性运行机制，确保工程安全运行、效益充分发挥。

（六）建立健全风险防控机制。地方各级水行政主管部门要统筹发展和安全，坚持底线思维，加强水利资金监管，着力防范化解水利项目资金风险。人民银行各分支机构要牵头做好水利基础设施建设项目融资情况的监测分析，做好存在问题的反馈，协调推动解决。各金融机构要按照市场化法治化原则做好水利基础设施建设投融资服务工作，加强授信管理，防范信贷风险，严格资金投向，确保信贷资金合法合规用于支持水利项目建设。

水利部　中国人民银行

2022年12月27日

附录I

国务院办公厅转发国家发展改革委、财政部《关于规范实施政府和社会资本合作新机制的指导意见》的通知

国办函〔2023〕115号

各省、自治区、直辖市人民政府，国务院各部委、各直属机构：

国家发展改革委、财政部《关于规范实施政府和社会资本合作新机制的指导意见》已经国务院同意，现转发给你们，请认真贯彻落实。

国务院办公厅

2023年11月3日

（此件公开发布）

关于规范实施政府和社会资本合作
新机制的指导意见

国家发展改革委　财政部

政府和社会资本合作（PPP）实施近十年来，一定程度上起到了改善公共服务、拉动有效投资的作用，但在实践中也出现了一些亟待解决的问题。为贯彻落实党中央、国务院决策部署，进一步深化基础设施投融资体制改革，切实激发民间投资活力，现就规范实施政府和社会资本合作新机制（简称新机制）提出如下指导意见。

一、准确把握新机制的总体要求

以习近平新时代中国特色社会主义思想为指导，深入贯彻党的二十大精神，坚持稳中求进工作总基调，完整、准确、全面贯彻新发展理念，加快构建新发展格局，着力推动高质量发展，统筹发展和安全，规范实施政府和社会资本合作新机制，充分发挥市场机制作用，拓宽民间投资空间，坚决遏制新增地方政府隐性债务，提高基础设施和公用事业项目建设运营水平，确保规范发展、阳光运行。

（一）聚焦使用者付费项目。政府和社会资本合作项目应聚焦使用者付费项目，明确收费渠道和方式，项目经营收入能够覆盖建设投资和运营成本、具备一定投资回报，不因采用政府和社会资本合作模式额外新增地方财政未来支出责任。政府可在严防新增地方政府隐性债务、符合法律法规和有关政策规定要求的前提下，按照一视同仁的原则，在项目建设期对使用者付费项目给予政府投资支持；政府付费只能按规定补贴运营、不能补贴建设成本。除此之外，不得通过可行性缺口补助、承诺保底收益率、可用性付费等任何方式，使用财政资金弥补项目建设和运营成本。

（二）全部采取特许经营模式。政府和社会资本合作应全部采取特许经营模式实施，根据项目实际情况，合理采用建设—运营—移交（BOT）、转让—运营—移交（TOT）、改建—运营—移交（ROT）、建设—拥有—运营—移交（BOOT）、设计—建设—融资—运营—移交（DBFOT）等具体实施方式，并在合同中明确约定建设和运营期间的资产权属，清晰界定各方权责利关系。

（三）合理把握重点领域。政府和社会资本合作应限定于有经营性收益的项目，主要包括公路、铁路、民航基础设施和交通枢纽等交通项目，物流枢纽、物流园区项目，城镇供水、供气、供热、停车场等市政项目，城镇污水垃圾收集处理及资源化利用等生态保护和环境治理项目，具有发电功能的水利项目，体育、旅游公共服务等社会项目，智慧城市、智慧交通、智慧农业等新型基础设施项目，城市更新、综合交通枢纽改造等盘活存量和改扩建有机结合的项目。

（四）优先选择民营企业参与。要坚持初衷、回归本源，最大程度鼓励民营企业参与政府和社会资本合作新建（含改扩建）项目，制定《支持民营企业参与的特许经营新建（含改扩建）项目清单（2023年版）》（以下简称清单，见附件）并动态调整。市场化程度较高、公共属性较弱的项目，应由民营企业独资或控股；关系国计民生、公共属性较强的项目，民营企业股权占比原则上不低于35%；少数涉及国家安全、公共属性强且具有自然垄断属性的项目，应积极创造条件、支持民营企业参与。对清单所列领域以外的政府和社会资本合作项目，可积极鼓励民营企业参与。外商投资企业参与政府和社会资本合作项目按照外商投资管理有关要求并参照上述规定执行。

（五）明确管理责任分工。国家发展改革委要牵头做好特许经营模式推进工作，切实加强政策指导。地方各级人民政府要切实负起主体责任，规范推进本级政府事权范围内的特许经营项目。地方各级人民政府可依法依规授权有关行业主管部门、事业单位等，作为特许经营项目实施机构（以下简称项目实施机构），负责特许经营方案编制、特许经营者选择、特许经营协议签订、项目实施监管、合作期满移交接收等工作。地方各级发展改革部门要发挥综合协调作用，严格把关项目特许经营方案等有关内容，依法依规履行项目审批、核准或备案职责。各级财政部门要严格执行预算管理制度，加强地方政府债务管理，加大财会监督力度，严肃财经纪律。

（六）稳妥推进新机制实施。把握好工作力度、节奏，2023年2月政府和社会资本合作项目清理核查前未完成招标采购程序的项目，以及后续新实施的政府和社会资本合作项目，均应按照本指导意见规定的新机制执行，不再执行2015年5月印发的《国务院办公厅转发财政部　发展改革委　人民银行关于在公共服务领域推广政府和社会资本合作模式指导意见的通知》（国办发〔2015〕42号）。

二、规范推进建设实施

（七）严格审核特许经营方案。对拟采取特许经营模式实施的项目，项目实施机构应参照可行性研究报告编写规范，牵头编制特许经营方案，并比照政府投资项目审批权限和要求，由有关方面履行审核手续，以合理控制项目建设内容和规模、明确项目产出（服务）方案。在审核特许经营方案时，要同步开展特许经营模式可行性论证，对项目是否适合采取特许经营模式进行认真比较和论证；必要时可委托专业咨询机构评估，提高可行性论证质量。

（八）公平选择特许经营者。项目实施机构应根据经批准的特许经营方案，通过公开竞争方式依法依规选择特许经营者（含特许经营者联合体，下同）。应将项目运营方案、收费单价、特许经营期限等作为选择特许经营者的重要评定标准，并高度关注其项目管理经验、专业运营能力、企业综合实力、信用评级状况。选定的特许经营者及其投融资、建设责任原则上不得调整，确需调整的应重新履行特许经营者选择程序。根据国家有关规定和项目建设投资、运营成本、投资回收年限等，合理确定特许经营期限，充分保障特许经营者合法权益。特许经营期限原则上不超过40年，投资规模大、回报周期长的特许经营项目可以根据实际情况适当延长，法律法规另有规定的除外。

（九）规范签订特许经营协议。项目实施机构与特许经营者应在法律地位平等、权利义务对等的基础上签订特许经营协议。需成立项目公司的，项目实施机构应当与特许经营者签订协议，约定其在规定期限内成立项目公司，并与项目公司签订特许经营协议。特许经营协议应明确项目实施范围、产出（服务）质量和标准、投资收益获得方式、项目风险管控、协议变更、特许经营期限等内容，约定双方的权利、义务和责任。

（十）严格履行投资管理程序。对政府采用资本金注入方式给予投资支持的特许经营项目，应按照《政府投资条例》有关规定履行审批手续；对由社会资本方单独投资的项目，应按照《企业投资项目核准和备案管理条例》有关规定履行核准或备案手续。规范履行项目调整程序，完成审批、核准或备案手续的项目如发生变更建设地点、调整主要建设内容、调整建设标准等重大情形，应报请原审批、核准机关重新履行项目审核程序，必要时应重新开展特许经营模式可行性论证和特许经营方案审核工作。特许经营项目法人确定后，如与前期办理审批、用地、规划等手续时的项目法人不一致，应依法办理项目法人变更手续，项目实施机构应给予必要支持和便利。

（十一）做好项目建设实施管理。特许经营者应做深做实项目前期工作，严格按照有关规定优化工程建设方案，合理安排工期，有效控制造价，保障工程质量，做好运营筹备。对地质条件复杂、施工风险较大、存在维修养护困难的项目，应完善勘察和施工设计，强化建设风险控制，防止项目烂尾。项目建成后，应依法依规及时组织竣工验收和专项验收。需要试运行或试运营的项目，应在投入试运行或试运营前符合相应要求并取得试运行或试运营许可。

三、切实加强运营监管

（十二）定期开展项目运营评价。项目实施机构应会同有关方面对项目运营情况进行监测分析，开展运营评价，评估潜在风险，建立约束机制，切实保障公共产品、公共服务的质量和效率。项目实施机构应将社会公众意见作为项目监测分析和运营评价的重要内容，加大公共监督力度，按照有关规定开展绩效评价。

（十三）惩戒违法违规和失信行为。如特许经营者存在违反法律法规和国家强制性标准，严重危害公共利益，造成重大质量、安全事故或突发环境事件等情形，有关方面应依法依规责令限期改正并予以处罚。对提供的公共产品、公共服务不满足特许经营协议约定标准的，特许经营者应按照协议约定承担违约责任。依法依规将项目相关方的失信信息纳入全国信用信息共享平台。

（十四）规范开展特许经营协议变更和项目移交等工作。在特许经营协议有效期内，如确需变更协议内容，协议当事人应在协商一致的基础上依法签订补充协议。特许经营期限届满或提前终止的，应按协议约定依法依规做好移交或退出工作，严禁以提前终止为由将特许经营转变为通过建设—移交（BT）模式变相举债；拟继续采取特许经营模式的，应按规定重新选择特许经营者，同等条件下可优先选择原特许经营者。特许经营期限内因改扩建等原因需重新选择特许经营者的，同等条件下可优先选择原特许经营者。对因特许经营协议引发的各类争议，鼓励通过友好协商解决，必要时可根据争议性质，依法依规申请仲裁、申请行政复议或提起行政、民事诉讼，妥善处理解决。

（十五）建立常态化信息披露机制。项目实施机构应将项目建设内容、特许经营中标结果、特许经营协议主要内容、公共产品和公共服务标准、运营考核结果等非涉密信息，依托全国投资项目在线审批监管平台，及时向社会公开。特许经营者应将项目每季度运营情况、经审计的年度财务报表等信息，通过适当方式向社会公开。

四、加大政策保障力度

（十六）加强组织实施。各地区要压紧压实主体责任，完善工作机制，精心组织实施。各有关部门要强化协同联动，明确政策规定，加强实施监管。国家发展改革委要制定特许经营方案编写大纲、特许经营协议范本和实施细则，指导各地区按照新机制要求依法合规、稳妥有序实施政府和社会资本合作项目，并会同有关方面及时修订完善特许经营相关制度文件，营造良好制度环境。

（十七）做好要素保障和融资支持。支持在不改变项目地表原地类和使用现状的前提下，利用地下空间进行开发建设，提高土地使用效率。支持依法依规合理调整土地规划用途和开发强度，通过特许经营模式推动原有资产改造与转型，提高资产利用效率。探索分层设立国有建设用地使用权，支持项目依法依规加快办理前期手续。鼓励金融机构按照风险可控、商业可持续的原则，采用预期收益质押等方式为特许经营项目提供融资支持。积极支持符合条件的特许经营项目发行基础设施领域不动产投资信托基金（REITs）。

（十八）支持创新项目实施方式。鼓励特许经营者通过技术创新、管理创新和商业模式创新等降低建设和运营成本，提高投资收益，促进政府和社会资本合作项目更好实施。特许经营者在保障项目质量和产出（服务）效果的前提下，通过加强管理、降低成本、提升效率、积极创新等获得的额外收益主要归特许经营者所有。鼓励符合条件的国有企业通过特许经营模式规范参与盘活存量资产，形成投资良性循环。

附件：支持民营企业参与的特许经营新建（含改扩建）项目清单（2023年版）

附件：

支持民营企业参与的特许经营新建
（含改扩建）项目清单
（2023年版）

一、应由民营企业独资或控股的项目

（一）环保领域

1.垃圾固废处理和垃圾焚烧发电项目

（二）市政领域

2.园区基础设施项目

3.公共停车场项目

（三）物流领域

4.物流枢纽、物流园区项目

（四）农业林业领域

5.农业废弃物资源化利用项目

6.旅游农业、休闲农业基础设施项目

7.林业生态项目

（五）社会领域

8.体育项目

9.旅游公共服务项目

二、民营企业股权占比原则上不低于35%的项目

（一）环保领域

10.污水处理项目

11.污水管网项目

（二）市政领域

12.城镇供水、供气、供热项目

（三）交通运输领域

13.城际铁路、资源开发性铁路和支线铁路，铁路客货运输商业类、延伸类业务项目

14.收费公路项目（不含投资规模大、建设难度高的收费公路项目）

15.低运量轨道交通项目

（四）物流领域

16.机场货运处理设施项目

17.国家物流枢纽、国家骨干冷链物流基地项目

（五）水利领域

18.具有发电功能的小型水利项目

（六）新型基础设施领域

19.智慧城市、智慧交通、智慧农业、智慧能源项目

20.数据中心项目

21.人工智能算力基础设施项目

22.民用空间基础设施项目

三、积极创造条件、支持民营企业参与的项目

（一）交通运输领域

23.列入中长期铁路网规划、国家批准的专项规划和区域规划的铁路项目

24.投资规模大、建设难度高的收费公路等项目

25.城市地铁、轻轨和市域（郊）铁路项目

26.民用运输机场项目

（二）能源领域

27.农村电网改造升级项目

28.油气管网主干线或支线项目

29.石油、天然气储备设施项目

（三）水利领域

30.具有发电功能的大中型水利项目